よくわかる
御《ウ》願《グヮン》ハンドブック

増補改訂

本書の使い方

本書は、編集部が実際に家庭でヒヌカン・トートーメー、御願を行っている方のやり方を教えていただき、これまでに刊行された御願関係の書籍を参照してまとめたものです。参考文献は巻末や文中に記載してあります。御願の方法は地域や家庭でも異なります。本書に載っている方法は一例ですので、これから初めて御願をしてみようかという方、やっているけれど自信のない方々の参考にしていただけたらと思います。

本書に各家庭のやり方や準備するものなどを随時書き込み、あなただけの「御願本」として活用して下さい。

はじめに

この本は、沖縄の暮らしを彩る年中行事に必要なヒヌカン（火の神）、御願（ウグヮン）について、準備の仕方やその意味を、わかりやすくまとめたものです。

昔から沖縄の家々に伝わってきたヒヌカンやトートーメーに関する御願ごとは、多種多様です。「旧正、新正」、「シーミー」、「お盆」に「ウマチー」、「屋敷の御願」に「ウグヮンブトゥチ」、忘れちゃいけない「ついたち・じゅうごにち（一日・十五日）」……。

家族の健康、幸せを願ったり、先祖（ウヤファーフジ）の供養のために、ヒヌカン・トートーメーへの御願は大切にしたいと思いつつも、日々の生活をこなすだけでせいいっぱいで、なかなかちゃんとできなかったり、言われるままにやるのはいいのだけど、いまひとつ行事の意味が分からなかったり……。毎年やっていてもつい忘れてしまう、いまさら聞けない行事ごとあれこれって、ありませんか？

そんな悩める？　あなたのために、よく分かってすぐに使える行事ごとのあれこれを、いろいろな方に話を伺って、やさしくまとめたのが、この本なのです。

第一章は「ヒヌカン・トートーメーを知ろう」として、「旧暦」や「ヒヌカン」「トートーメー」「床の神様」のことや、「ヒラウコー（沖縄線香）の使い方」や「御願には欠かせないウサギムン（お供え物）」

「ついたち・じゅうごにち」など御願の基本を説明しています。まとめるにあたり、これまでに刊行された御願関係の書籍も参考にさせていただきました。特に信仰語の解説や語源については高橋恵子著『沖縄の御願ことば辞典』『暮らしの中の御願』を参考にさせていただきました。

第二章は「ヒヌカン・トートーメー十二ヵ月」として、年間行事のそれぞれの由来や意味、供え物や手順、グイス（御願をするときに唱える言葉）などを、また巻末に「初めてのヒヌカン」の仕立て方や、魂込め、引越しの時の御願を紹介しました。これらの具体的な方法や意味については那覇市在住の比嘉淳子さんの取材を元に構成しました。住む地域や家庭によりさまざまな方法がありますので、ご近所やご親戚など拝みに詳しい方とご相談しながら進めて下さい。

沖縄の暮らしぶりも、時代に応じていろいろ変化しています。昔から伝えられてきたヒヌカンやトートーメーに関する行事の仕方も、少しずつ変わってきています。変わらないのは、家族や親戚の幸せ、健康を祈る気持ちかもしれませんね。そんな気持ちを大切にしたいあなたのために、この本がお役に立ちますように、と御願うさぎときましょうね。

「よくわかる御願ハンドブック」編集スタッフ一同

目次／よくわかる御願《ウグヮン》ハンドブック〈増補改訂〉

第一章　ヒヌカン・トートーメーを知ろう

第二章　ヒヌカン・トートーメー十二カ月

1月

正月……58　〈旧・新1月1日〉
ハチウクシー（初起し）……65　〈旧・新1月2、3日頃〉
ヒヌカンの迎え日（サカンケー）……66　〈旧1月4日〉
トゥシビー（生年祝い）……71　〈旧1月2日～13日〉
七日節句（ナンカヌシク）……75　〈旧・新1月7日〉
ジュールクニチー（十六日）……76　〈旧・新1月16日〉
二十日正月……79　〈旧・新1月20日〉

2月

屋敷の御願（ヤシチヌウグヮン）……80　〈旧2月1日～10日頃〉
二月ウマチー……88　〈旧2月15日頃〉
彼岸……89　〈新3月20日前後〉

3月

浜下り（ハマウリ）……92　〈旧3月3日〉
シーミー（清明祭）…94　〈新4月5日から〉

5月

ユッカヌヒー……98　〈旧5月4日〉
グングヮチグニチ（五月五日）……100　〈旧5月5日〉
五月ウマチー……101　〈旧5月15日頃〉

6月

六月ウマチー……102　〈旧6月15日頃〉
六月カシチー…103　〈旧6月25日〉

表紙デザイン　上原　幸美
表紙イラスト　中嶋　栄子

第一章　ヒヌカン・トートーメーを知ろう

ステップ1　行事は旧暦で行われる

ステップ2　沖縄のお家にいる〈神様たち〉

ステップ3　沖縄の仏壇（トートーメー）

ステップ4　ヒラウコー（沖縄の線香）の使い方をマスターしよう

ステップ5　御願には欠かせないウサギムン（お供え物）

ステップ6　ヒヌカンのついたち・じゅうごにち

ステップ7　ヒヌカンのグイス

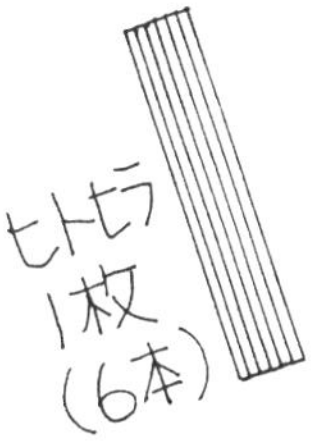

ステップ1　行事は旧暦で行われる

旧暦について

ここ沖縄では、行事ごとというと、「お盆」を始めとして、そのほとんどが「旧暦」で行われています。

私たちが普段の生活で使っているカレンダーは、「太陽暦」といって太陽の周期をもとにした暦、いわゆる「新暦」ですが、「旧暦」は、月の満ち欠けを基本にして太陽の周期を取り入れた「太陰太陽暦」のことです。一八七三（明治六）年、新暦が使われ始めるまで、旧暦は日本では広く使われていました。ところが、本土とは異なる歴史を歩んだ沖縄県は、伝統的な行事や祭りの多くは、その後も「旧暦」で行ってきました。お隣の中国や台湾も正月は今でも旧暦だそうです。

旧暦入りのカレンダーは、沖縄の暮らしの中では欠かせないものです。ヒヌカンにウチャトウするいわゆる「ついたち・じゅうごにち（一日・十五日）」ですが、旧暦の一日は新月で、十五日は満月になります。

実は年中行事の多くは、沖縄の社会が農耕中心だった頃に出来たので、作物の成長に影響する季節の節目に行われているのです。「ムーチービーサ」と言われる旧暦十二月八日の頃は毎年寒くなるように、旧暦は不思議と季節の流れと合っている気がします。

もちろん昔と比べて沖縄もいろいろ変化しました。例えば、正月を旧暦で行うところは少なくなりました。普段の生活のリズムは、都市部でも田舎でも新暦中心に変わっています。でも一方で今も行事ごとの多くは、「やっぱり旧暦じゃなくちゃね」という感じで行われていますよね。やはり旧暦にも気をつけていないと、「ついたち・じゅうごにち」に、「ウマチー」や「菊酒」といった家庭の御願ごとを、ついうっかり忘れてしまうことも。

新暦、旧暦を上手に使いこなしてこそ、今の沖縄の生活といえるでしょう。

Q 「ユンヂチ」って何？

A

旧暦には一ヵ月が二十九日（小の月）と三十日（大の月）があるので、一年で新暦より十一日弱分短くなります。それを調整するため一年が十三ヵ月の年があり、この余分の一月を「ユンヂチ」（閏月）といいます。たとえば二月が二回あったり、七月が二回あったりします。このような場合、行事は前の月に行います。後の月は「捨て月」と言って、お墓を新築したり、位牌や仏壇を新しくしても良いと言われ、お墓や仏具屋の看板に「今年はユンヂチ」の文字を目にする事があります。

「二十四節気」って何？

「シーミー」、「スーマンボースー」、「トゥンジー」。沖縄の行事や暮らしの中でよく聞くこの言葉、実は、中国伝来の季節を表す語「二十四節気」なのです。「二十四節気」は、太陽の一年を二十四等分したもので、沖縄でも琉球王朝時代から、旧暦に取り入れて使われています。季節を細かく表して、一年の自然のサイクルを感じることができます。

■二十四節気

旧一月	立春　りっしゅん 雨水　うすい	新暦二月四日 新暦二月十九日	
旧二月	啓蟄　けいちつ 春分　しゅんぶん	新暦三月六日 新暦三月二十一日	お彼岸の中日です。
旧三月	清明　せいめい 穀雨　こくう	新暦四月五日 新暦四月二十日	清明の入りで、シーミーが始まります。
旧四月	立夏　りっか 小満　しょうまん	新暦五月六日 新暦五月二十一日	この時期沖縄では梅雨に当たるので、小満と芒種を合わせた「スーマンボースー」は梅雨のことを言います。

旧五月	芒種	ぼうしゅ	新暦六月六日	
	夏至	げし	新暦六月二十一日	
旧六月	小暑	しょうしょ	新暦七月七日	
	大暑	たいしょ	新暦七月二十三日	
旧七月	立秋	りっしゅう	新暦八月八日	
	処暑	しょしょ	新暦八月二十三日	
旧八月	白露	はくろ	新暦九月八日	
	秋分	しゅうぶん	新暦九月二十三日	お彼岸の中日です。
旧九月	寒露	かんろ	新暦十月八日	
	霜降	そうこう	新暦十月二十三日	
旧十月	立冬	りっとう	新暦十一月七日	
	小雪	しょうせつ	新暦十一月二十二日	
旧十一月	大雪	たいせつ	新暦十二月七日	
	冬至	とうじ	新暦十二月二十二日	トゥンジー
旧十二月	小寒	しょうかん	新暦一月五日	
	大寒	だいかん	新暦一月二十日	

十二支

年賀状の図柄にも使われますが、「今年の干支《えと》は戌年」というように毎年干支が決まっています。十二支というように十二の動物があてられていて、十二年で一周します。自分の生まれた年と同じ干支になった年を「生まれ年」といい、トゥシビー（年日）の祝いを行うのが沖縄の習わしです。特に七十三歳や八十五歳、九十七歳のカジマヤーなどは大きく祝います。

普段の御願の時にも、「何歳」とは言わず、生まれ年の干支（十二支）を言ってから御願をします。年配の方は、干支で年齢を計算する方も多いですよね。歳は言ってないのに、「この干支なら、〇〇と一回り違いだから〇歳でしょ」と当てられたことはないですか。おばぁさんたちは生まれ年に関してはコンピュータ並みに早いのです。

干支は年だけでなく、日にも配されています。左頁のカレンダーを一例として見ると、24日は「みずのえね」と「ねずみ」の日、23日は「かのとゐ」は「亥」の日になります。日取りを見る場合、この干支が重要になる場合がありますので知っておくと便利です。

また、方角にも十二支が当てられています。

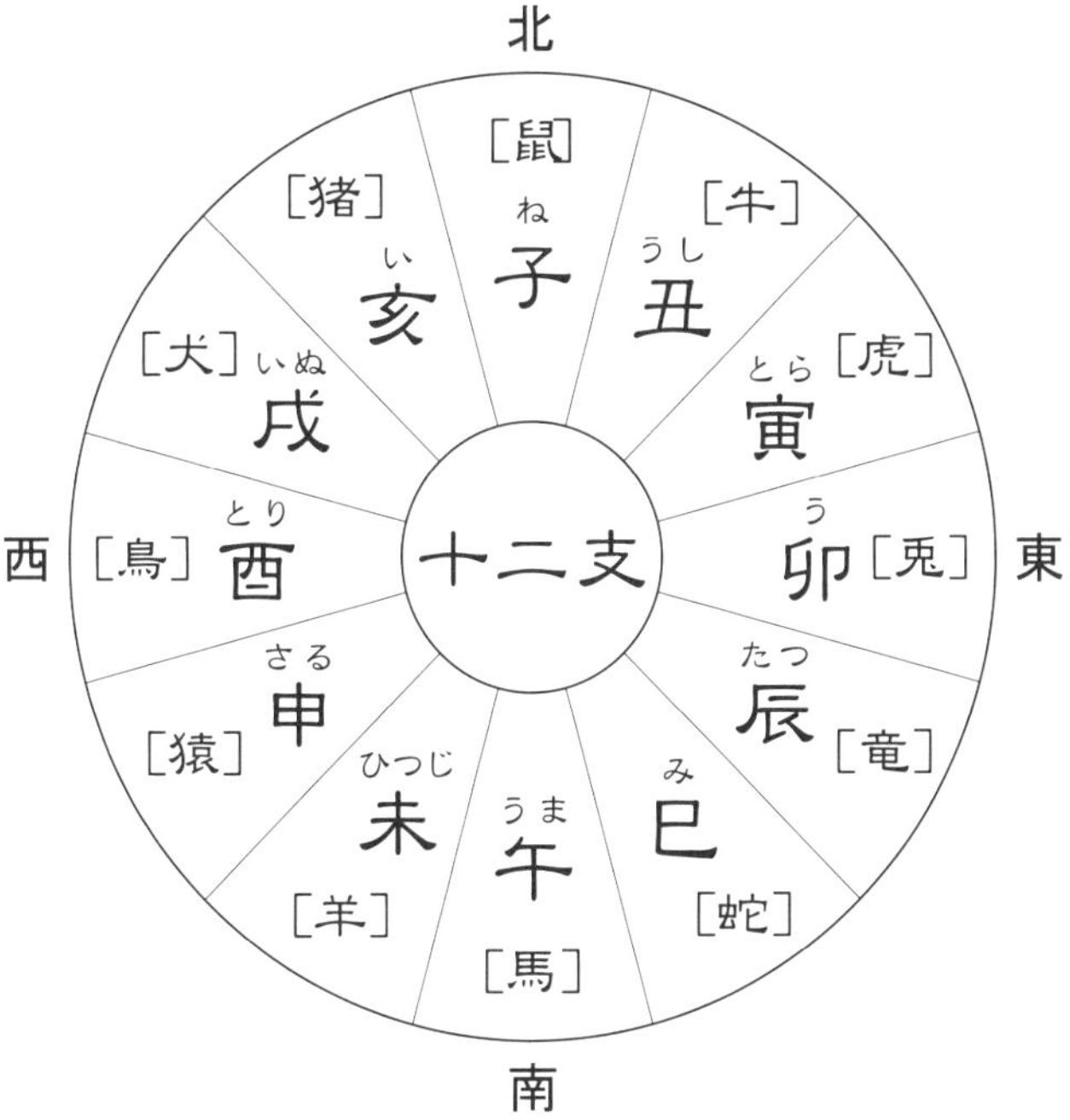

旧暦干支《えと》が表記されたカレンダー〈例〉

先負 19 旧2月20日 ひのと ひつじ	仏滅 20 2月21日 つちのえ さる	大安 21 2月22日 つちのと とり 春分の日	赤口 22 2月23日 かのえ いぬ	先勝 23 2月24日 かのと ゐ	友引 24 2月25日 みずのえ ね 彼岸明け
先負 25 2月26日 みずのと うし	仏滅 26 2月27日 きのえ とら	大安 27 2月28日 きのと う	赤口 28 2月29日 ひのえ たつ	先負 29 旧3月1日 ひのと み	仏滅 30 旧3月2日 つちのえ うま

ステップ2　沖縄のお家にいる〈神様たち〉

1、ヒヌカン（火の神）

ヒヌカンって、どんな神様？

あなたの家にヒヌカンはありますか？　台所に祀《まつ》られていて、温かく、時には強く家庭を見守っているのが、「ヒヌカン」。ヒヌカン（火の神）の火とは、かまどの火のことです。沖縄のお家の神様の中で、みんながもっともお世話になっている、台所にいらっしゃる神様です。

その歴史は古く、琉球の時代から続いてきたと言われています。もともとは台所にあった「かまど」そのものを大切にして祀っていたものが、各集落や家々でかまどをかたどった三個の石を祀るようになりました。ヒヌカンのことを別名「ウミチムン（御三物）」と呼ぶのですが、それはその三つの石のことを指しているのだそうです。現在では、台所に、陶製の香炉、水、塩、花木を供える形が、一般的になっています。沖縄では、仏壇（トートーメー）よりも古くから信仰されて、とても親しまれてきた存在です。

ヒヌカンを祀り管理するのは、一家の主婦です。家族の健康や病気快復・旅行の安全・厄払いなどを祈願したり、家族の喜び事・入学・就職・結婚など、家庭でことあるごとに御願して報告します。それぞれの家のヒヌカンは、それぞれの家の神なので、そこの家族以外の人は拝みません。ヒヌカンには、「神の住民票がある」と言われていて、例えば、子供が産まれた場合は、まず始めにヒヌカンに出産の報告をします。また、拝所や仏壇、お墓など、いろいろな御願をする時にも、最初にヒヌカンを拝み、あいさつをします。＊

ヒヌカンは、「お通し所」としての役目も果たすそうです。「お通し」（ウトゥーシ）とは、御願する目的地に遠くて行けないような場合に、他の場所から御願してその願い・祈りを「お通し」してもらうことです。

ヒヌカンは、今の感覚で言えばパソコンのようなもので、「家庭内の帳簿付け」もすればインターネットのように、ほうぼうの神々とアクセスすることもできるのです。もちろん、海外の神々ともアクセスできるので（！）、留学中の息子の安全も家のヒヌカンから祈願できるわけです。そしてそんなあなたも、知らず知らずのうちに実家のヒヌカン・ネットワークから幸せと安全を御願されているのかもしれません。

＊は高橋恵子著『暮らしの中の御願』参照

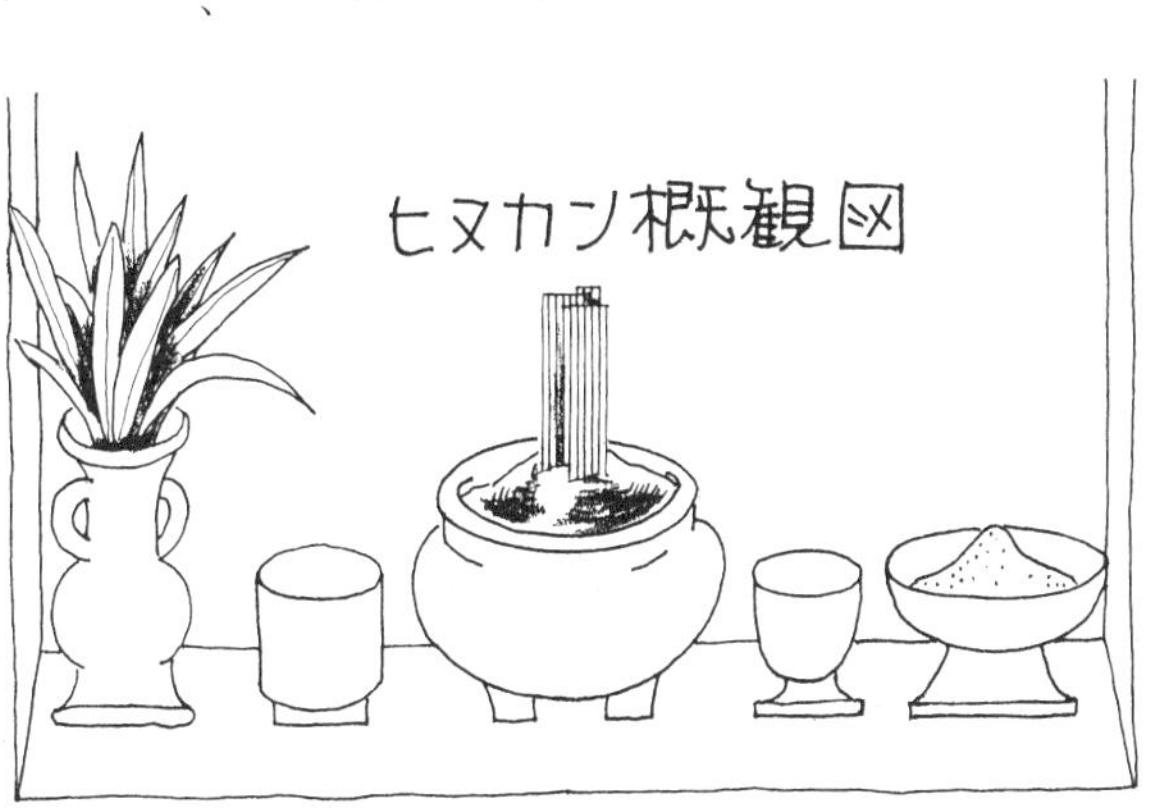

ヒヌカンの道具と供え物

一般的なヒヌカンの道具と基本の供え物は次のようなものです。これらの供え物は「ついたち・じゅうごにち」など行事の時に取り替えます。

1、御香炉（ウクール）（白）一つ　御香炉は白い香炉で、「神御香炉」（カミウクール）といいます。

2、小皿（白）一つ　塩を盛る皿。古い塩はお守りにしてもいいです。

3、湯飲み（白）一つ　毎日、水を入れ替えて供える。「ミズトウ」と言います。

4、盃　一つ　お酒を供えます、お酒はやはり泡盛。（日本酒ではカビが発生します）

5、花瓶（白）一つ　チャーギ（イヌマキ）や榊《さかき》、クロトンを活けます。花は活けません。花瓶を二つお供えしているところもあります。

6、ウブク茶碗　三つ　「ウブク」とは、沖縄ではヒヌカンに供える飯をいいます。エッグスタンドのような可愛いかたちの茶碗に炊き立てのご飯を小山盛りにします。本来三つお供えするものですが、現在では、簡素化して一つの場合が多いです。

ヒヌカンの道具や香炉の灰は、仏具屋で販売されています。詳しい方や仏具屋さんに相談してみてください。これから新しくヒヌカンを仕立てる場合については、146頁を参考にしてください。

以上の基本形のほかに、それぞれの行事にあわせて必要なものをお供えします。

ヒヌカン道具と供え物

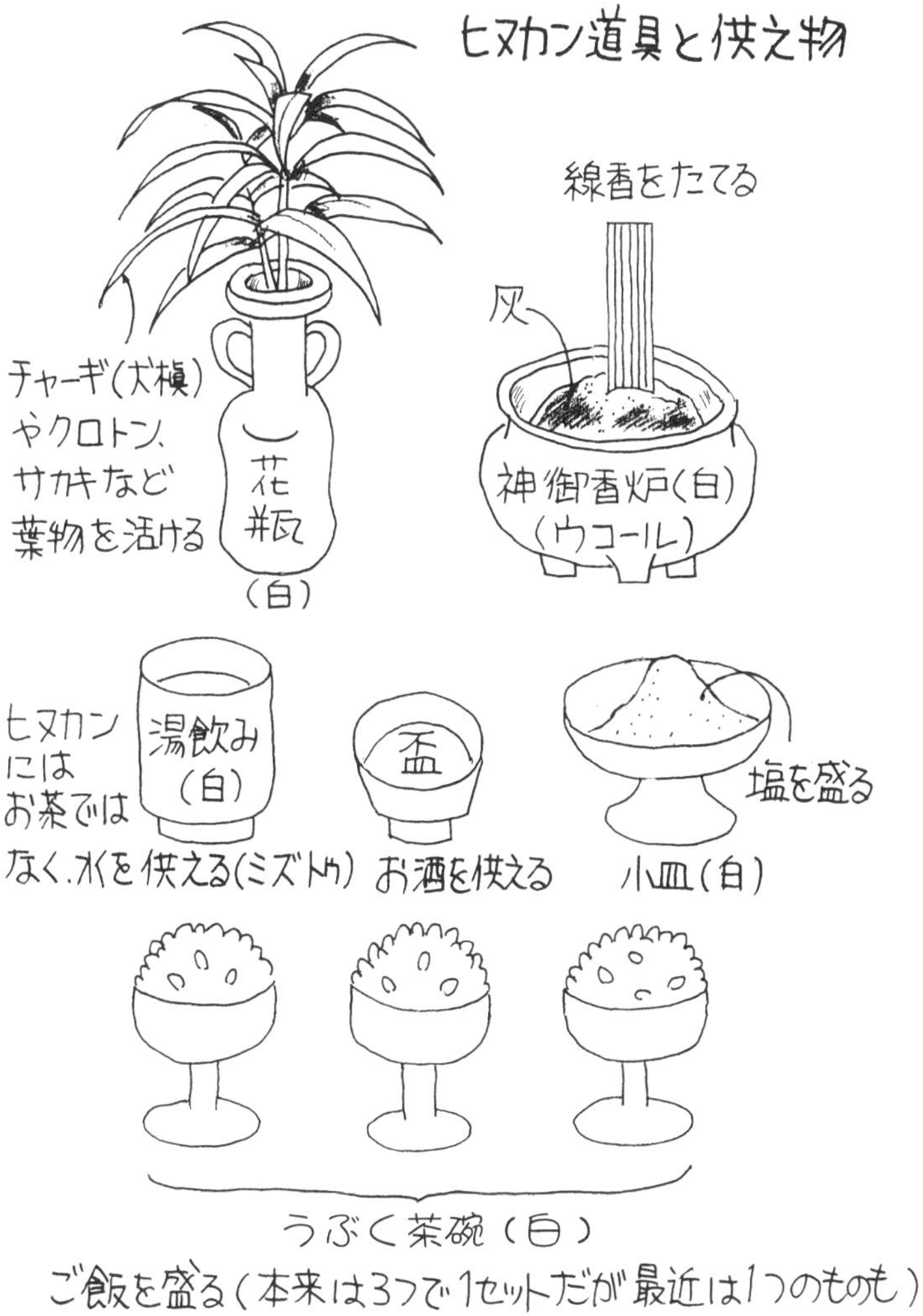
線香をたてる
灰
チャーギ（犬槇）
やクロトン、
サカキなど
葉物を活ける
花瓶
（白）
神御香炉（白）
（ウコール）
ヒヌカン
には
お茶では
なく、水を供える（ミズトゥ）
湯飲み
（白）
盃
お酒を供える
塩を盛る
小皿（白）
うぶく茶碗（白）
ご飯を盛る（本来は3つで1セットだが最近は1つのものも）

ヒヌカンの主な行事（ヒヌカンの行事は旧暦で行います）

毎月の**ついたち・じゅうごにち**（一日・十五日）

一月四日のヒヌカン迎え

二月、八月、十二月の屋敷の御願

十二月二十四日のヒヌカンの昇天

その他、行事の時にはヒヌカンを最初に拝みます。毎日水を替えて拝んでもいいです。

Q　お供えした塩やウブクはどうしたらいいでしょうか？

A　「ウサンデー　サビラ（お下がりさせていただきます）」といって、塩やウブクを手に持って目の高さにおし頂いて（カミテ）からお下げしましょう。ウブクは、ヒヌカンからのお下がりです。ヒヌカン用の器から直接食べないよう、別の器に移してからいただきましょう。

　塩は料理に使う家庭もありますが、衛生面で気になるのなら、お守りとして小さな袋に持ち歩くか、魔除けとして外にまいてもいいそうです。

　ちなみに、塩で厄払いをする時には、「この家の守り神は上座にお上がりください。これから塩をまきます」といってから、まくそうです。守り神まで撃退するのは失礼になります。

2、その他の神様

床の神

床の間に祀られている神。ヒヌカンは女性が祀るのに対して、床の神は家長である男性が祀ります。香炉と、七福神などの縁起物の掛け軸が飾られています。旧暦の一日と十五日にはお茶とウブクを供え、供え物のウサンデー（お下がり）は男性がいただきます。＊しかし最近の住宅だと床の間自体がない場合が多く、そのような場合は一番日当たりのよい部屋に場所をつくって床の神を祀ることもあります。

戸柱の神（トゥファシラヌカミ）

昔の沖縄の屋敷には玄関がなく、庭に面した表座敷から出入りしていました。その出入り口に戸柱の神がいるとされています。一番座

の雨戸の桟の側から庭に向かって拝むことを「トファシラウガミ」（戸柱拝み）と言います。

現在の住宅やアパートなどのように、戸柱に該当する場所がない場合はどうするかというと、玄関をトファシラに見立てて、外に向かって拝みをしたり、南に面したベランダの掃きだし窓から拝みを行う場合もあります。またヒヌカンがない人は、トファシラからウトゥーシ（お通し）して御願をすることもできます。＊

フールヌカミ（便所の神）

フールとは豚小屋と便所が一緒になっている昔の沖縄の便所のことです。フールの神は屋敷の中で最も権威のあるもので「フールヌカミヤ　マササン（便所の神は優れている）」と言われています。マブイグミ（魂を込める御願）や屋敷の御願をする場合に拝みます。＊

屋敷の神

屋敷内を守護する神。屋敷の四隅や八隅（ヤシン）を守護しています。
「四隅」とは、次の四つの方向です。
北（ニーヌファ、子の方）

東（ウーヌファ、卯の方）
南（ンマヌファ、午の方）
西（トゥイヌファ、酉の方）
二月、八月、十二月の年三回、屋敷の神に感謝の御願を行います。地域によっては屋敷の東側に屋敷神を祀っている家もあります。

ウジョーヌカミ（御門の神）
門の守り神。左の神（ヒジャイヌカミ）と右の神（ニジリヌカミ）が守護している。屋敷の御願や旧盆のウンケーやウークイなどを行います。門を作る時には特に方角に気を使うようです。*

ヤーヌカミ（家の神）中央の神
家を守護する神で、家の中心にいらっしゃる神。

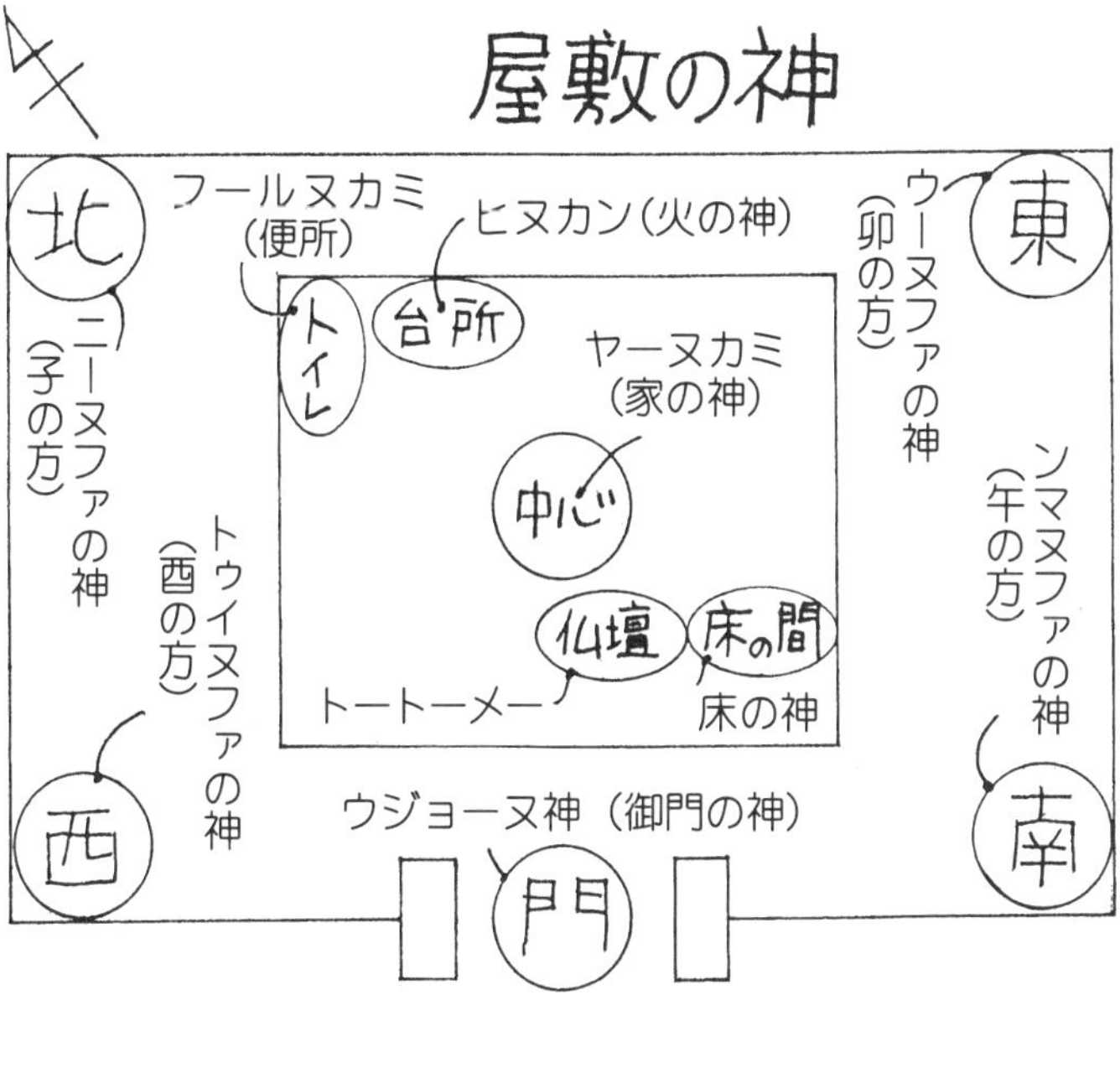

地域によっては屋敷の御願の時に家の中央部から東か南に向かって拝みます。

ナカジン（中陣）

上座敷と門口との中間あたりの庭で、屋敷の中央と考えられます。地域によっては軒下の場合もあります。屋敷の御願の際に拝む地域もあります。

＊は高橋恵子著『沖縄の御願ことば辞典』『暮らしの中の御願』参照

コラム 屋敷《やしき》の方角について

自分の家の敷地を沖縄では「屋敷」といいます。本土では屋敷と言うと一般的に「お屋敷＝豪邸」のことを意味するらしく、自分で自分の家を屋敷というのには違和感があるようです。でも辞書にもちゃんと「家の敷地。家を作るべき地所」と載っています。

さて、昔の屋敷だと南側に門があって裏が北になるという風に大体が決まっていましたが、現在は地所の関係などもあり、さまざまな方角を向いています。太陽の位置などで大体の方角はわかると思いますが、屋敷の御願などでは家の角（四隅）を拝みます。角が真北でなくても北側の角、南側の角でそれぞれの神に御願をします。

ステップ3　沖縄の仏壇（トートーメー）

トートーメーって何？

「トートーメーに、ウートートーしなさい」と、子どもの頃から教えられてきたウチナーンチュ。「トートーメー」とは先祖の位牌の別称となっていて、「尊いお方」を意味する「尊御前」が変化したものと考えられています。お月様のことも「トートーメー」といいます。「トートーメー（位牌）」が、家にあるかどうかで、行事ごとの準備もいろいろ違ったりしますよね。

ウヤファーフジ（ご先祖）のトートーメーを祀《まつ》っているお仏壇。「お盆」や「お正月」など、いろんな行事ごとでは、仏壇の前に家族・親類が集まり、ティーウサーして（手を合わせて）、ウヤファーフジへの感謝を表します。生きている我々とグソー（あの世）で生活しているウヤファーフジを結びつける場所で、直接、ご先祖に自分の気持ちを語ることのできるのが、沖縄のお仏壇。ウヤファーフジへの感謝を込めて、たくさんの料理が供えられ、飾り付けがされる、華やかなメインステージともいえます。反面その準備の大変さは……。ここでは多くは語れませんが、トートーメーの継承については、男系継承、嫡子（長男）継承が重んじられ、女性の継承や財産分与などをめぐり、社会問題ともなっています。

沖縄の仏壇と供え物

仏壇は要するに位牌を祀る棚。棚は、だいたい三段になっていて、位牌、香炉、茶碗、花瓶、線香、ロウソクなどを置きます。昔ながらの沖縄の屋敷では、二番座に一間から半間の仏壇が作り付けされていますが、最近では仏壇屋で買い求めるのが普通のようです。大きさ、材質などで値段も様々です。インテリア家具として、室内との調和を考えてみるのもいいかも。

仏壇の下にするすると引き出せる板があり、お供えする時やお中元を置く時などに便利ですよね。また下の引き出しは普通の衣装タンスになっています。

一度にたくさんの線香を焚くと煙がこもるので、その対策で換気扇つきのお仏壇や、仏壇を明るくするために照明が付いている仏壇もあります。仏壇も、時代に応じて進化中。

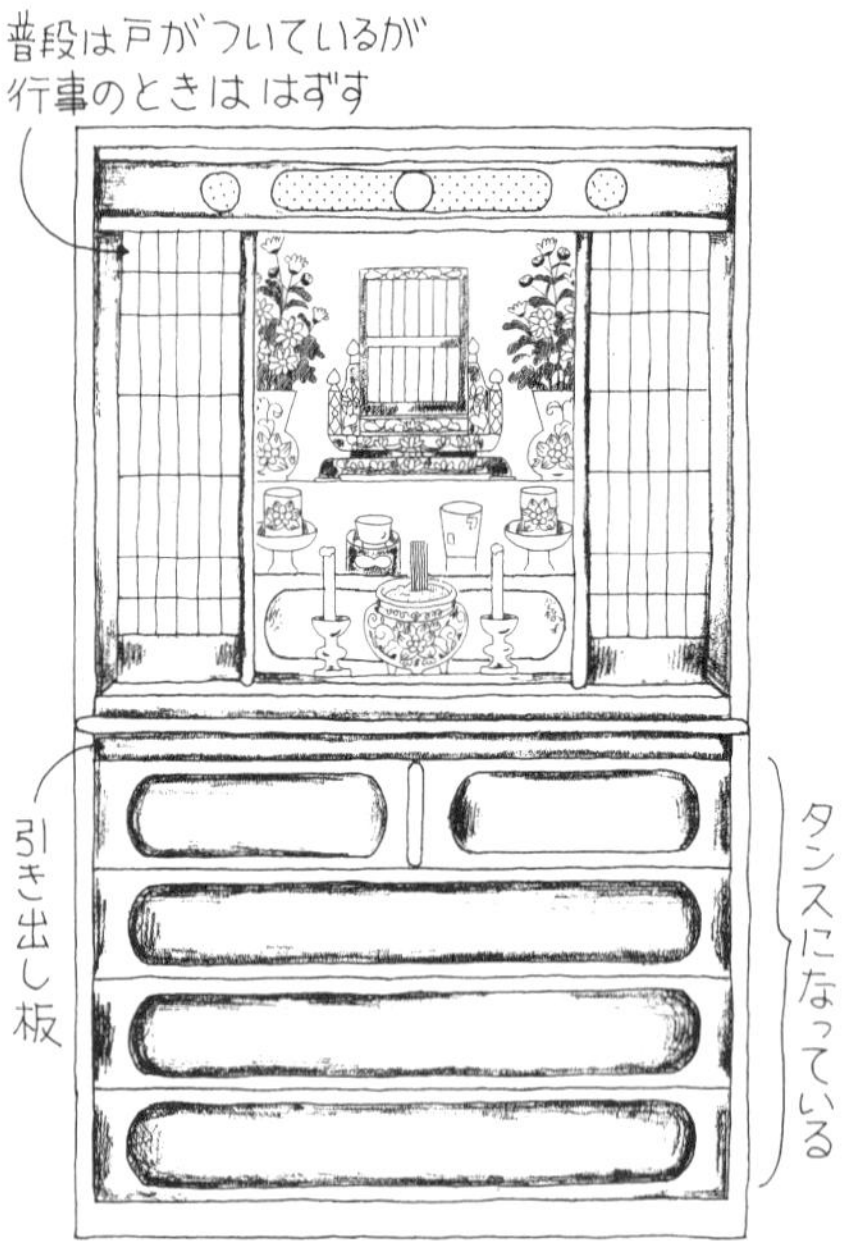
普段は戸がついているが
行事のときは はずす
引き出し板
タンスになっている

1、**位牌**　位牌は、方言で「イーフェー」「トートーメー」と呼ばれています。朱塗りの木片にご先祖の名前や戒名（法名）が金文字で記されています。位牌を横に奇数枚数を並べる形（屏位《へいい》）になっていて、位牌の数をある程度増やせるようになっています。上下二段に分けられているのが通例で、上が男性、下が女性。仏壇の棚の上段中央に置かれます。その仏壇にいらっしゃる方々のネームプレートということになります。戦争の時にもこの位牌だけは持ち運んで必死に守ったという話も聞くくらい、ウチナーンチュにとって大切なウヤファーフジの象徴です。

お掃除する時は泡盛で拭くといいそうです。

2、**花瓶**　特に決まってはいませんが、菊の花や季節の花を飾ります。

3、**三方**（さんぽう）　果物を供えます。

4、**盃**　お酒を供えます。

5、**茶碗**　お茶を供えます。（ウチャトウ）

6、**コップ**　水を供えます。（ミズトウ）

7、**御香炉**（グヮンスウクール）

青い地に金の花模様の香炉は、先祖をまつる香炉です。「ハナコウロ」と言います。

トートーメーに関する主な年間行事

仏壇ごとで、特に大きい行事は旧盆とシーミー（地域によってはジュールクニチー）です。それ以外にもお正月やお彼岸、冬至など節々でお供え、健康祈願や祖先供養を行います。

一月一日　お正月
一月十六日　ジュールクニチー
新三月二十一日頃　彼岸
新四月五日～　シーミー（清明祭）
七月七日　七夕
七月十三日～十五日（十六日）　旧盆
新九月二十三日頃　彼岸
新十二月二十日頃　冬至

コラム　ウートートー

「ウートートー」とは神仏を拝む時に発する言葉で、転じて手を合わせて拝むことを言います。「拝みなさい」というより「ウートートーしなさい」と言った方が親しみやすいかもしれません。もともとは「ああ尊い」という言葉からきたもので御願の最初と最後のあいさつでも「サリ、アートートー、ウートートー」という様に使われます。神社で神主さんが唱える「かしこみ、かしこみ～」という言葉と通じるものがあるようです。

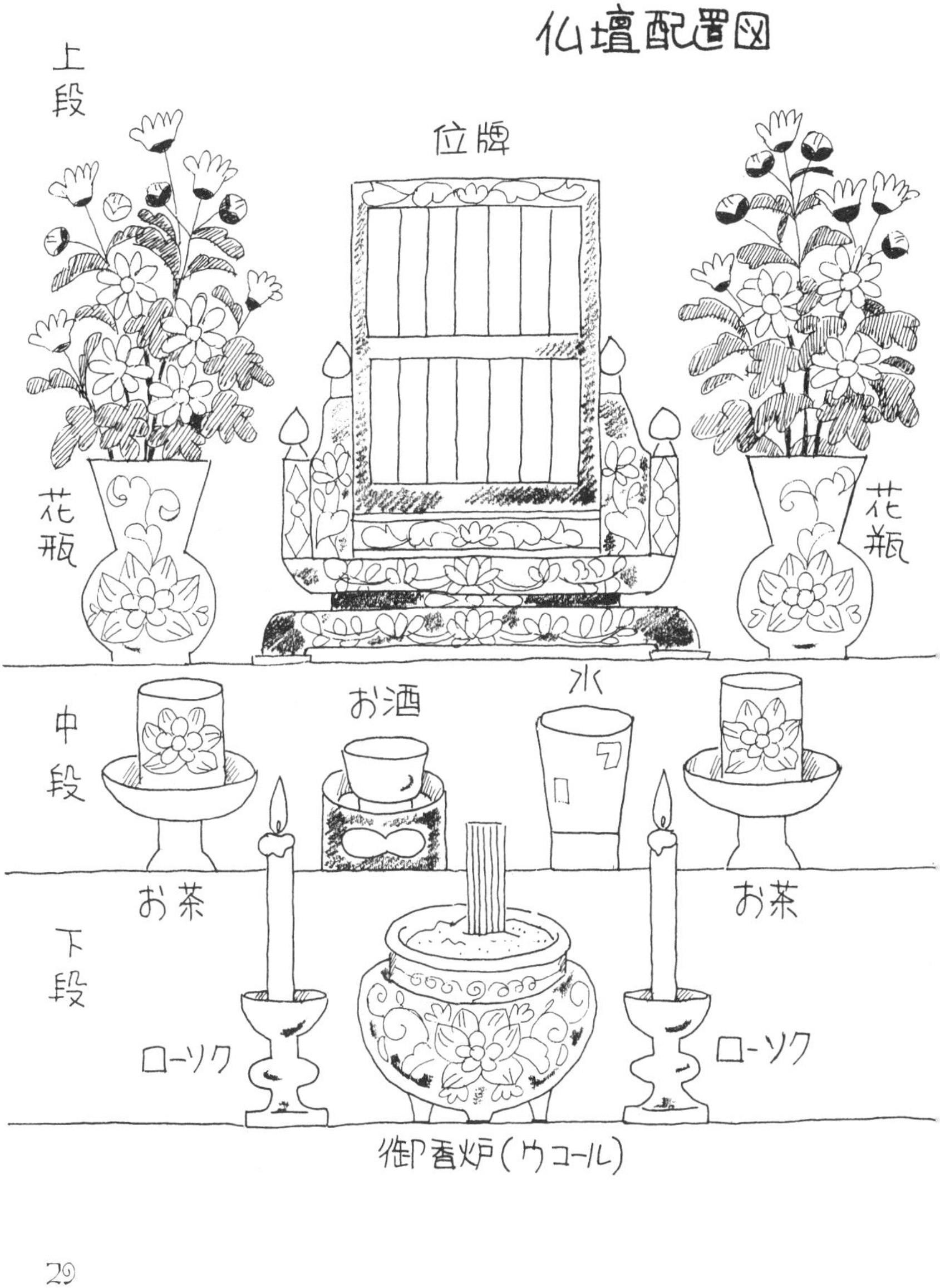
仏壇配置図
上段
位牌
花瓶
花瓶
中段
お酒
水
お茶
お茶
下段
ローソク
ローソク
御香炉(ウコール)

ステップ4　ヒラウコー（沖縄線香）の使い方をマスターしよう

ヒラウコー（沖縄線香）

沖縄では、線香のことを「ウコー」（御香）といいます。黒色で平たく、幅が約二・五センチ、長さが一四センチで、その形状から「平《ヒラ》ウコー」、または「黒ウコー」とも呼ばれています。一枚を「チュヒラ」（ひと平）と数えます。割れやすいように一つひとつに筋が入っていて「六本」の線香が集まったものと考えられています。縦半分に割ったものを「三本」と数えます。

普通の御願の場合は、十二本と三本を使用します。つまり、ふた平と半分です。でも御願の内容、拝む人により、供える本数も、供える方法も異なります。

厳しくいえば、「線香の本数は、多すぎても少なすぎてもいけない、特に多すぎると後で神からしかられる」といわれているそうです。多くの本数を使えるのはサーダカウマリ（生まれの高い人＝霊感のある人）で、なおかつその道を学んだ人だけだそうです。拝むことが多いからといって、線香もいっぱいお供えするというものではないらしいので、ご注意を。

ちなみにヒラウコーの原料は、現在「お麸」を作ったあとの残り材料で作られています。

それぞれの本数の意味

線香の数ってどういう意味があるのでしょうか。渡されただけをウートートーしたり、言われた通りにやっているだけじゃありがたみがないかも。実は線香の数にはいろいろな意味が込められているのです。

●三本御香

天、地、海（竜宮）の三つへ捧げるものといわれています。また、お盆やシーミー、彼岸などで、よその仏壇にお供えする際は、「自分自身からのお供えものです」という意味で、三本御香で祈ります。

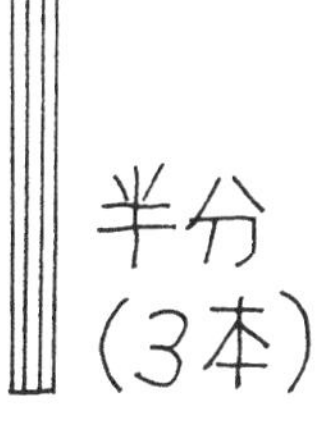

●十二本御香

十二支、十二ヵ月、十二方位と考えられていて、「普段使い」の本数となるそうです。

この十二本に三本を足した十五本がよく使われます。二枚《フタヒラ》で十二本になります。

●十五本御香（十二本三本）

十二本と三本を足して、十五本御香といいます。

ついたち・じゅうごにち（一日・十五日）、健康御願、安全御願など、よく使う本数。願いをたてる時の本数といわれています。

●十七本御香

十二本と三本と二本で十七本。「外し御香」「下げ御香」といわれ、「ウグヮンブトゥチ」「シディガフー」など、立てた御願に対しての感謝を込めて、その御願を下げる時に使います。普段使うことはありません。

●二十四本御香

神人が使う本数。素人は手を出さないほうが無難。

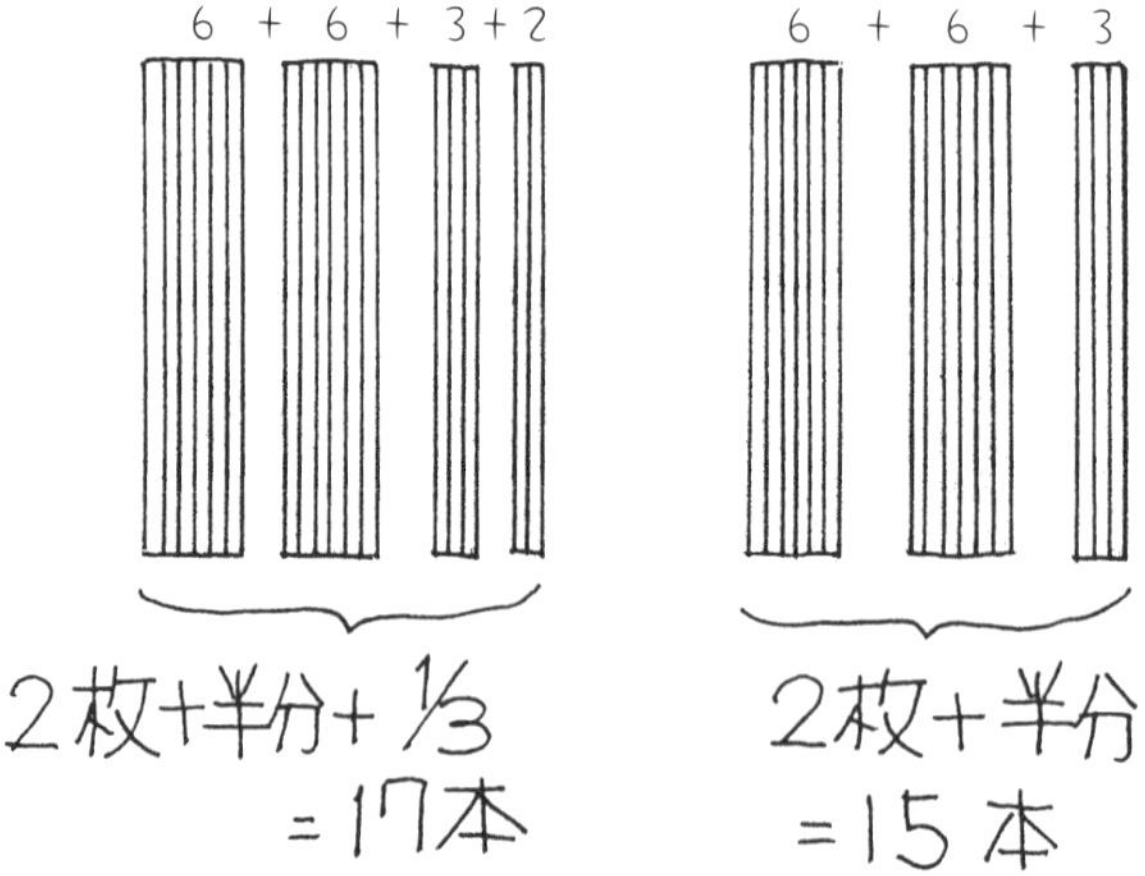

線香の使い方

仏壇で線香をウサギル（差し上げる）時には、線香の煙を通して「拝む人の声があの世に伝わる」、「拝む人の顔を見せることができる」などといわれています。また、線香の燃える様子で、今日の御願が通じたかどうかも占うこともできるそうです。花びらが開くように赤々と燃えることが望ましく、黒い筋ができたり、火が途中で消えると、御願が通ってないのかしらと心配になることがありませんか。

屋敷や拝所などの御願で、線香を立てずに横に置いて使う時は、火をつけません。また、御嶽、井戸、川を拝む時にも、火をつけずに拝みます。それは、ヒジュルウコウ（冷たい御香）と呼びます。ヒヌカンを拝む時は、線香に火をつけて、立ててから拝みます。

基本的に、線香の貸し借りをしてはいけないといわれ、シーミーやお盆などで実家や親戚廻りをする時は、線香を持参したほうがよいと言われています。ウチカビ（打ち紙）の場合も同様です。最近は、お盆などでも持参しないで、そのお家で準備された線香を使う場合が増えています。

※線香を持参しなかった場合には、「気持ちの分」ということで、五円〜二〇円くらいを置いて、線香を買ったことにしてお供えした方が良いでしょう。

割り方のコツ

意外に難しいのが、チュヒラ（一枚）の線香を二つに折って三本香をつくること。下手すると途中から折れてしまいます。線香を指ではさんで人さし指でポンとたたいて折るとうまく早く割れます。

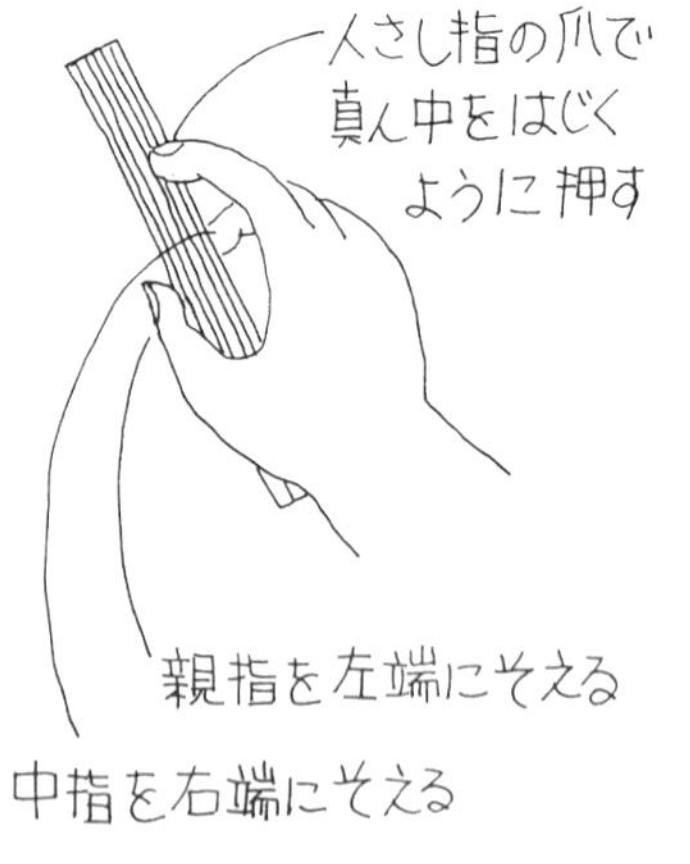
人さし指の爪で
真ん中をはじく
ように押す
親指を左端にそえる
中指を右端にそえる

線香の割り方のコツ

> **役立ちグッズ**　小さな輪ゴム
>
> たくさん拝む時に、あらかじめ糸でまとめておくおばぁさんがいます。これはバラバラにならないので便利な方法ですが、糸でまとめるのは意外に手間がかかります。最近は普通の輪ゴムよりももっと小さい輪ゴムがあるので、これを使って使う本数をまとめておくと便利です。

ステップ5　御願には欠かせないウサギムン（お供え物）

花

ヒヌカンには花ではなく、チャーギ（イヌマキ）、榊《さかき》、クロトンなどの葉物を供えます。ついたち・じゅうごにちなどの時期になると店頭でチャーギが売られています。

仏壇には菊の花を供えることが多く、百合やカーネーションなど、白や黄色、ピンクなどのやさしい彩りが好まれます。結構熱がこもるので強い花を選んだほうが無難。以前は千日紅（坊主花）やケイトウなどがよく飾られていました。

ウチカビ（打ち紙）

「カビジン」（紙銭）、いわゆるあの世の金とされています。銭型の押し印を横五列縦十列に打って押した黄土色の紙なので「打ち

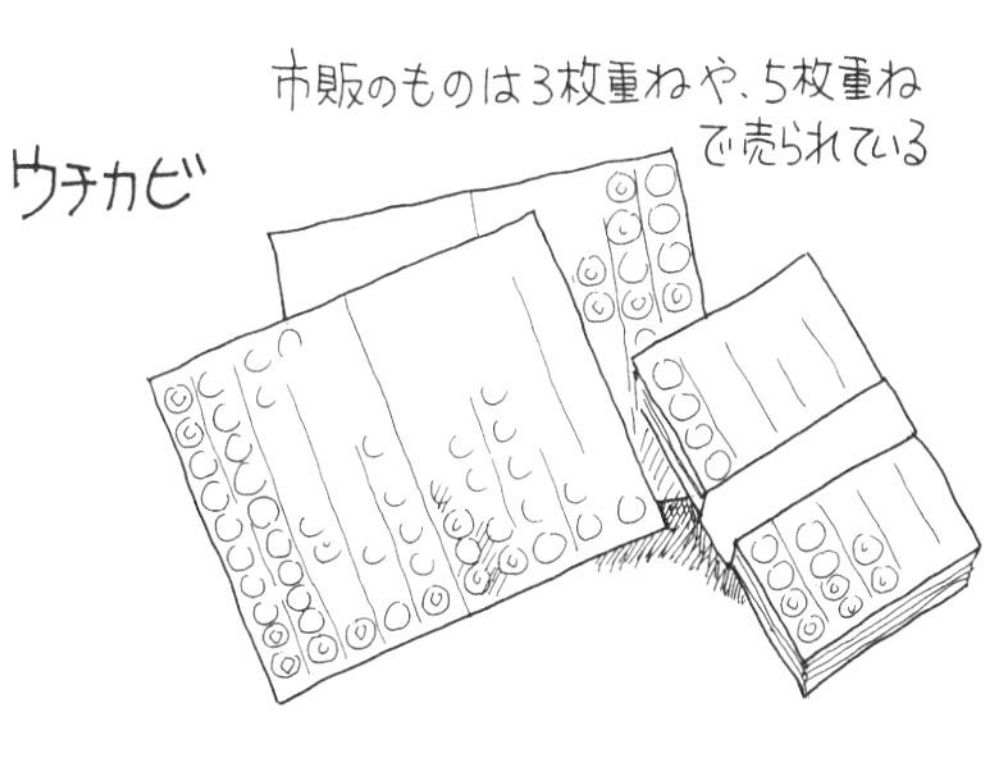

市販のものは3枚重ねや、5枚重ねで売られている
ウチカビ

紙」と呼びます。盆や法事、シーミーなどで燃やして、祖先供養とします。燃やすことで「（グソーへの）税金を納めた」などと言うところもありますね。まんべんなく燃やすほうがよいといわれています。昔は各家庭でカビウチ（押し印）をしたものですが、今はコンビニでも買えます。一束一〇〇円から二〇〇円くらい。中国の起源で、現在も台湾や香港などでも同じような風習があります。

白紙（シルカビ）

習字紙を切って作ります。「スクブチ」とも呼びます。三枚に重ねた習字紙を縦二つ折りにし、それを四等分し切り離します。使用する際には、折り曲げた部分を上にして使います。ヒヌカンの昇天や迎え、屋敷の御願などで使用します。三組を一セットとして使います。この白紙は、「帳簿」と考えられていて、神様に真っ白い帳簿を供えて、よいことを帳簿につけてほしいと願います。

白紙

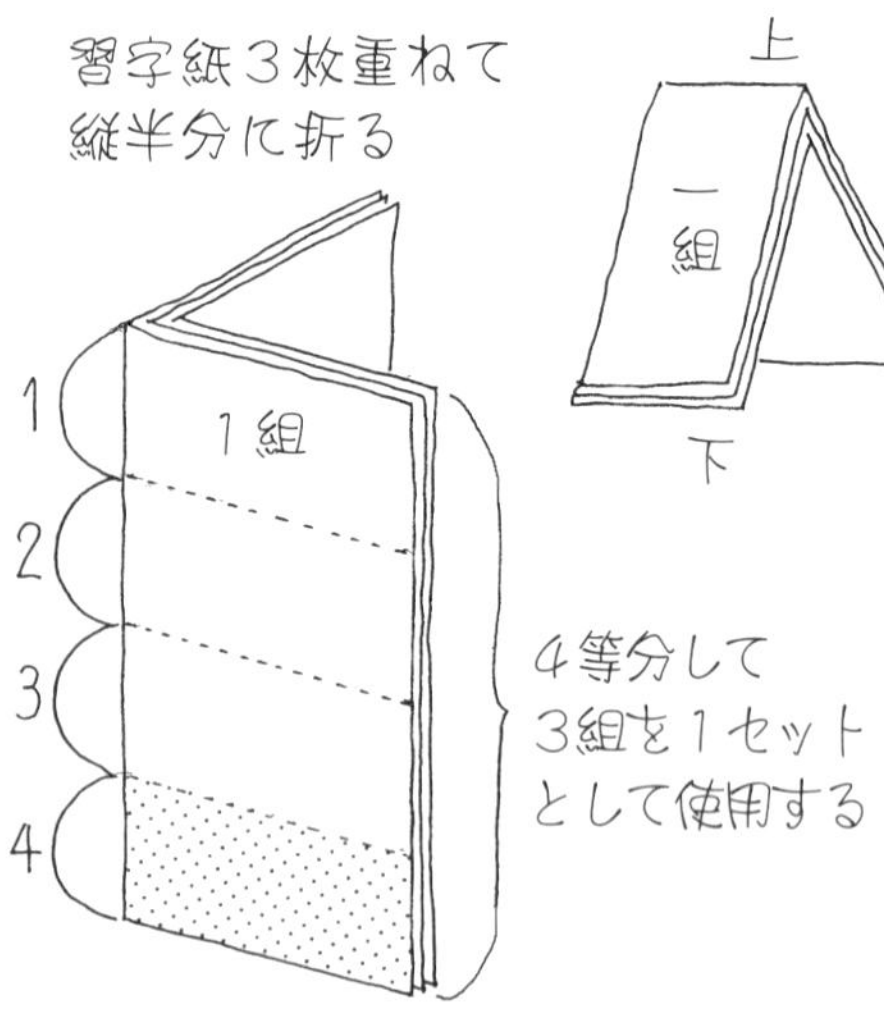

Q 白紙はどんな時に、どのように使用するのですか？

A 白紙（シルカビ）は、主に神事で神様のお金や帳簿として使います。ヒヌカンや床の間には神様が鎮座されているので、ウグヮンブトゥチや屋敷の御願などで三枚重ねの白紙三組を一セットとしてお供えします。三枚一組なのは、あの世のお金のウチカビと同じですね。

お供えする時は供え物の向こう側に置きますが、ヒヌカンなどスペースがない場合はヒヌカンの手前に並べます。外の御願でお線香に火をつけない時は、白紙の上に線香を置いて御願し、終わったら米、塩、酒（水）を少しずつ線香の上にかけます。

白紙は「白銀のお金」や「サンバングヮンヌクバンチン（三枚重ねの黄金のお金）」とも言うそうです。

琉球八社（波の上宮・沖宮・識名宮・普天間宮・末吉宮・安里八幡宮・天久宮・金武宮）や御嶽でも神様がいらっしゃるので白紙を使います。

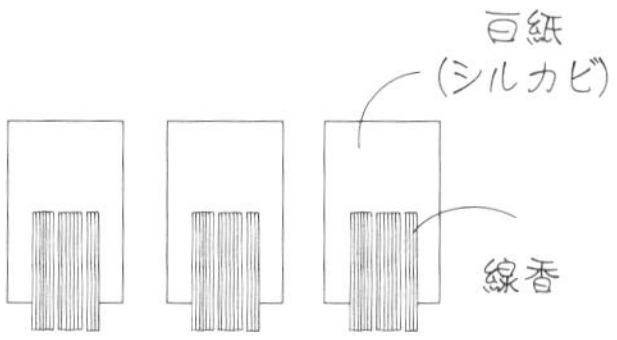

ビンシー（瓶子）

木箱に納められた御願セット。線香、徳利、盃、米、塩用に仕切りがある皿がセットになっており、持ち運びに大変便利で、室内室外と様々な御願に使用されます。

ビンシーは、その家の実印とされ、天神との結びつきとして大切なもので、親兄弟であろうとも貸し借りは禁じられているそうです。ビンシーがない場合の拝みは、セットの中身を準備して、「仮ビンシー」として使用します。セットする中身は御願によって変わる事もありますが、基本的には以下の通りです。

1、カラミハナ（乾いた米）　洗っていないお米

2、アライミハナ（洗われた米）　水で七回すすいだ米で、「水で清らかに洗い、私の願いもこのように清らかな心と体で神に祈っています」との意味があるとか。

3、塩　※お米の上に五円や十円（三枚）など硬貨を置いているのを見かけます。「黄金《クガニ》マース　白金《ナンジャ》マース」と呼びます。海からの贈り物は尊いものと考えられ、穢れをはらい清める力を与えてくださいとの意味があります。

4、酒　徳利を二本準備して、必ず左右両方から真ん中に置いた盃に注ぎます。夫・妻から、という意味を込めています。お酒は泡盛。拝みの最中は、徳利のふたはあけっぱなしにします。

実際の御願の時には、左図のようにビンシーと他の供え物を併せて用います。

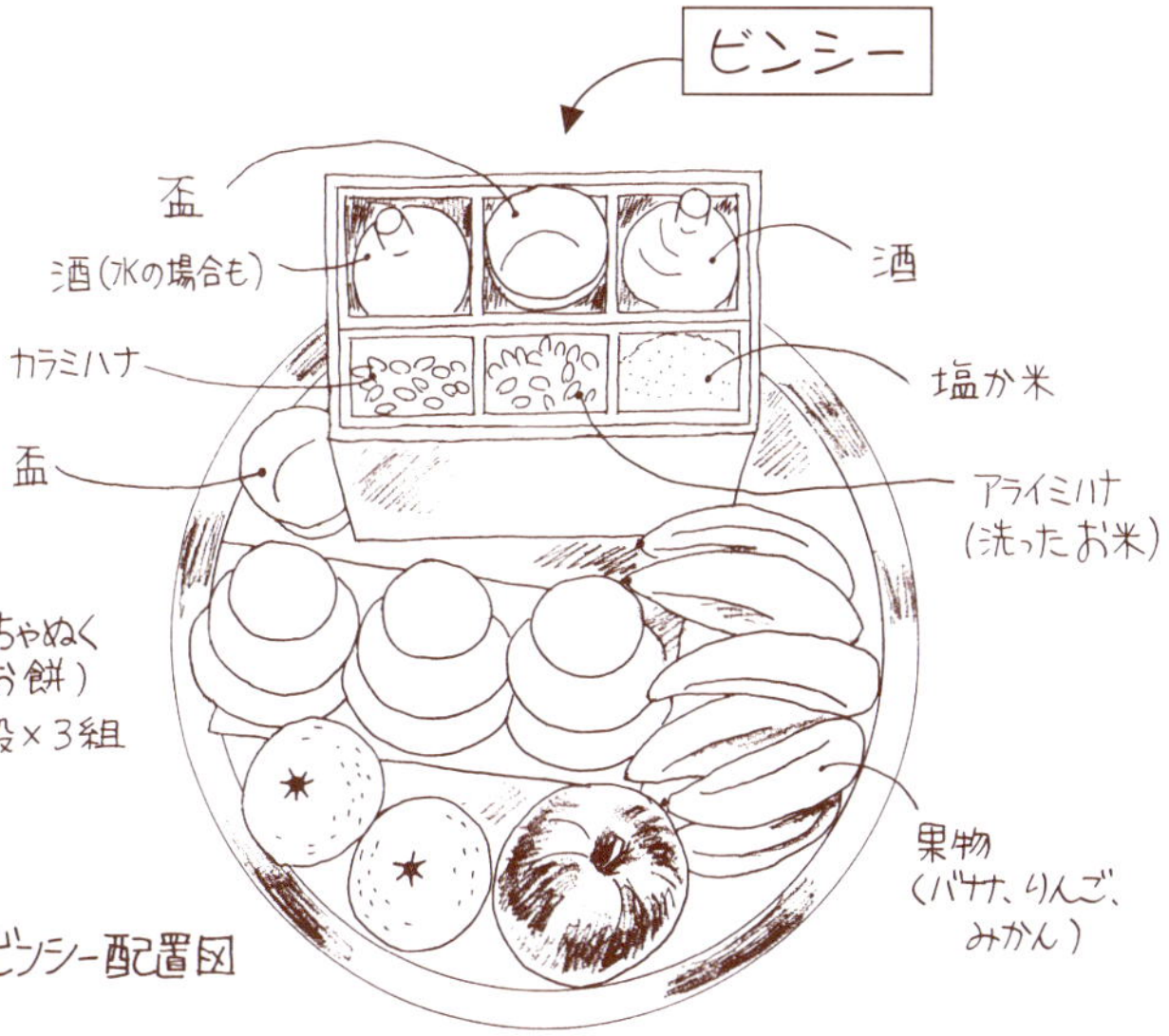

ビンシー配置図

仮ビンシー配置図

果物　主にバナナ（五本）、みかん（一、二個）、りんご（一、二個）など。

ウチャヌク（御茶の子）

神仏に供える餅のこと。大中小の三個の餅を重ねて三組で一セット。「地からの恵み」である米と「天からの恵み」である水でこね、尊い火で結合させたありがたいお供え物という意味です。また、天・地・海と三段に重ねられ、餅のように真っ白い心で拝みますという意味があり、その白さから天を映す鏡の役もあるそうです。美味しいからといって、あん餅を代用してはいけないようです。

コラム　**ウチャヌクはどこで買えるのか？**

行事の時期にはスーパーなどでも見かけますが、餅屋に注文したほうが確実です。値段は千円以内でウチジフェーシの分まで買えます。ウチジフェーシとは三組一セットの他に一番上の部分だけ三個余分についているものです。違う場所で御願する場合に、上の小さい餅一個だけを取り替えて、新しいお供え物として使います。屋敷だけならウチジフェーシは必要ありません。

ウチャヌク（御茶の子）

重箱料理

天・地・海の恵みでつくった「ウサンミ（御三味）」と呼ばれるクワッチー（ごちそう）を詰めます。きれいに詰めることができるようになれば一人前、という話も。

重箱料理には、お祝いと法事の二種類がありますが、内容は基本的に大きな違いはありません。

仏事（法事）の際には、四段で使用します。ウサンミを詰めたものを二個、餅を詰めた餅セットが二個で一セット（チュクンと言う）となります。

最近では市場やスーパーなどでセットで販売されています。また、クワッチーは単品でも販売しているので、それらを取り入れて、組み合わせてもいいです。たとえば揚げ物（てんぷら、揚げ豆腐、田芋など）だけを家で揚げるとか。

評判のいいかまぼこ屋の前には、行事の際には行列ができます。（「かならずあそこのかまぼこじゃないとならん」と言いつけられて並んでいる場合も多々あります）

ちなみに正月のクワッチーの場合は、重箱に盛らず、丸い皿や盆に盛ります。

また行事によって、料理の内容や数が決められている地域や家庭があります。例えば、「法事には偶数、祝い事には奇数」という風習がありますが、これは二で割り切れない奇数は縁起のいい数字として、祝い事がこれからも増えますようにとの願いが込められているといいます。

ウサンミ（御三味）の例

1、揚げ豆腐

2、かまぼこ（お祝い事は赤、法事は白）

3、カステラかまぼこ

4、豚肉（三枚肉は、不幸事では皮の部分を上に、祝い事では皮は下にする。シーミーは、祝い事のイメージがあるが、実は祖霊を慰める法事なので、皮は上）

5、魚のてんぷら

6、田芋（子孫繁栄の意）

7、ごぼう

8、昆布（祝い事は結び昆布、仏事は返し昆布）

9、こんにゃく（昆布同様の手法）

※他に大根や冬瓜、昆布巻などを詰める場合がある。

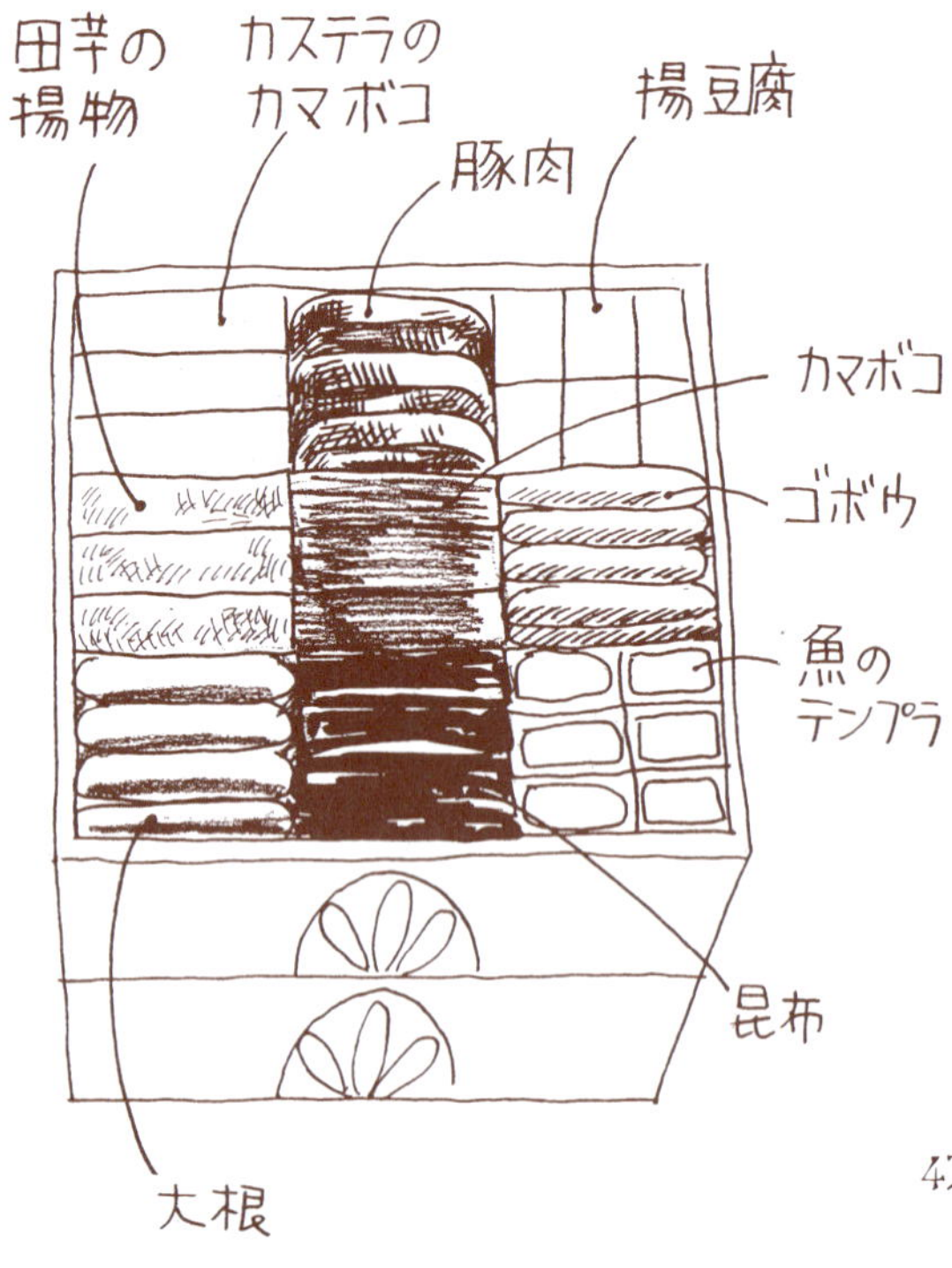

餅重（むちじゅう）

餅のセットで、一般には白い餅を使います。ウサンミと同様に行事の種類によって、偶数奇数で分けるところもあります。法事には、白い餅が基本ですが、正月や彼岸、シーミーはよもぎ餅や赤餅を入れる家も増えてきました。ウサンミとは対で準備します。

ウサンデーについて

神仏に供えた物のお下がりを「ウサンデー（お下がり）」と言います。供えたものを下げるときは「ウサンデーサビラ」と言ってから下げます。下げたものは食べてもかまいません。

コラム

三枚肉の皮は上か下か？

ウサンミの詰め方も、行事の種類によっては違っていたり、地域や各家庭によっても異なる場合が多々あります。例えば、「祝い事の場合は、昆布が前にくるように盛り付ける」などです。それぞれの家庭のやり方をきちんと確認しておきましょう。

さて、三枚肉の上下問題ですが、この様にして覚えてみてはどうでしょうか？

〈三枚肉の上下の覚え方〉

背を見せて悲しむ豚
（不幸事では皮の部分を上に）

皮が上の三枚肉

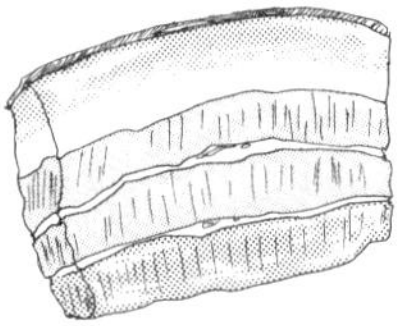

腹を見せて笑い喜ぶ豚
（祝い事では皮を下に）

ステップ6　ヒヌカンのついたち・じゅうごにち（一日・十五日）

基本中の基本の御願といえば、毎月の旧暦一日と十五日に行う、通称「ついたち・じゅうごにち」。御願ごとは基本的に午前中に行うものとされています。

まずヒヌカンそして床の間、仏壇の掃除をし、お供え物を新しくして御願します。面倒といえば面倒ですが、このリズムに慣れると、旧暦の感覚と御願の心が自然と身に付いてくるでしょう。

旧の一日は新月で「天の門が閉まる」とか、「ヒヌカンが天に上り、人間界でいうところの役所での中間会議のようなことをする」と言われていて、「一ヵ月の半分の生活態度を反省し、また、神々に感謝するように」との教えが込められています。

旧の十五日は満月で、「天の門が全開で、天の役人が活発に動く」ので、日ごろの行いがよければ良いことがあり、願いが叶いやすくなると言われています。だからと言って十五日だけ力を入れてもしょうがありませんよ。

【お供え物】

塩、水、酒を取り替えて新しくする。

花木　チャーギやクロトン、榊《さかき》などを活けかえる。花は活けてはいけない。

ウブク　ウブク茶碗に赤飯やご飯をこんもりと盛る

線香　「十二本三本」が一般的。

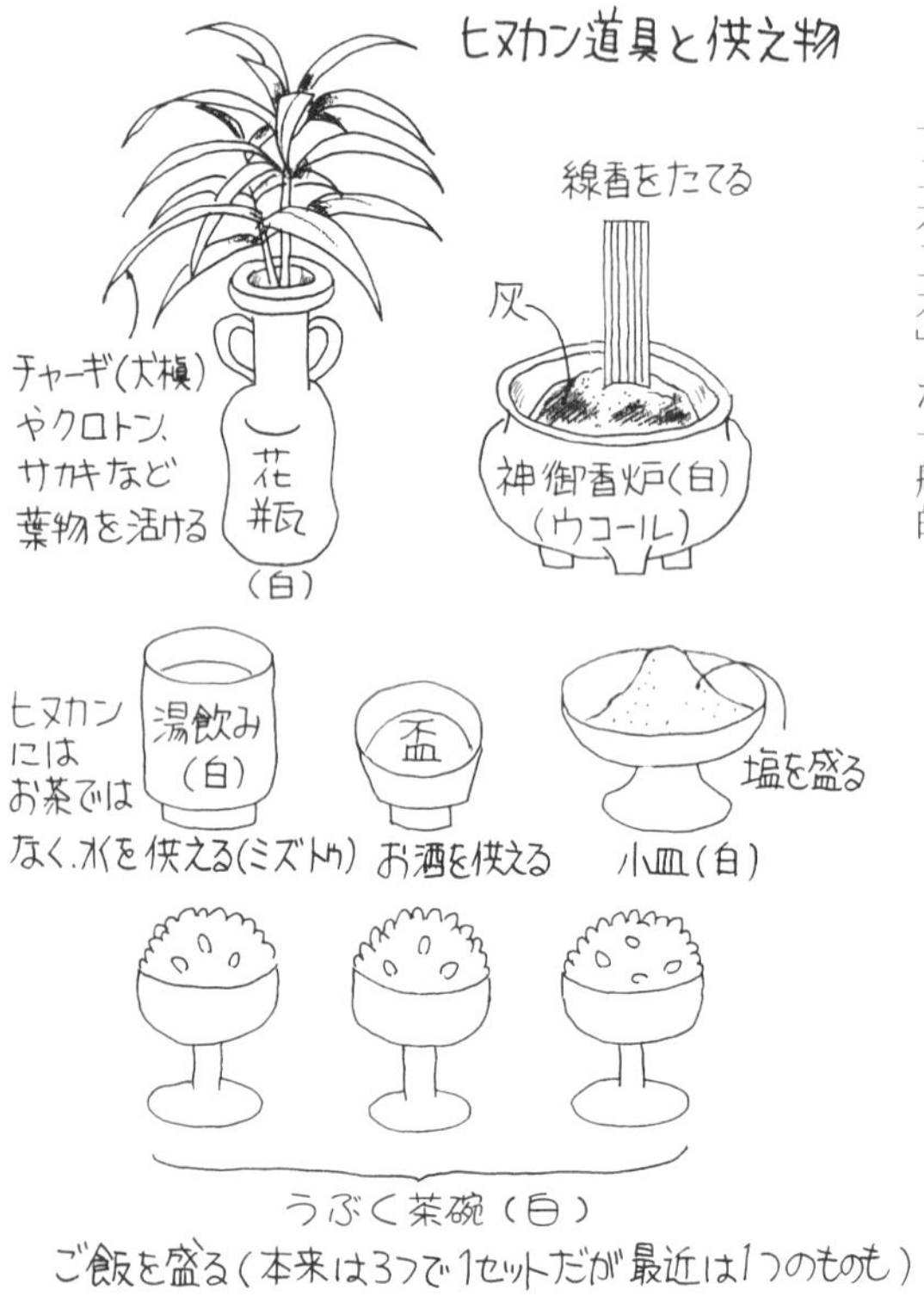

【手　順】

1、供え物をする。

2、線香をつけて香炉に立てる。（十二本三本）

3、ひざまづき（正座）して御願をする。

日頃の感謝の気持ちと願いを伝えます。家族の健康、安全、発展、子孫繁栄、仕事の成功を祈り、さらにたくさんの人と仲良くできるようにと願います。世の平和などを願うのもよいでしょう。

くわしい御願の言葉（グイス）については50頁に記しました。

床の間と仏壇の供え物

床の間には水を供え、仏壇にはお茶を供えます。床の間と仏壇にはウブクを二つ供えます。

Q ついたち・じゅうごにちの御願を忘れてしまったら。

A ついたち・じゅうごにちは忘れないように、暦に印などをつけておきましょう。それでも忘れてしまった時は、次の日に線香を立てずに（カラ線香）水とお酒をあげてお詫びします。その時「（御願の）不足は火の神さまでどうぞおぎなってください」と火の神様にお願いします。

ステップ7　ヒヌカンのグイス

御願の時の、神様への祈りの言葉を「グイス」と言います。このグイスがわからないので御願を敬遠している人もいるという話を聞きます。グイスは、拝みの種類によって部分的に異なりますが、基本は同じなので、何を強く願いたいかでアレンジすると良いでしょう。通常は方言で唱えますが、方言を話せない人がしどろもどろに唱えるよりも、自分の言葉で心をこめて唱えましょう。

グイスの内容

まず「サリ、アートートー、ウートートー」と唱えます。これは神仏を拝む時に発する言葉です。それから住所、家族紹介（干支、名前）を順序よく行います。どこの誰が御願しているのかをヒヌカンを通して天に伝えているわけです。また御願をする時には、「何歳」とは言わず、生まれ年（十二支）を言ってから御願をする方が本格的です。次の順序になります。

サリ、アートートー、ウートートー

1、　**今日の日付**　［干支］年［　］月［　］日（旧暦）

2、住所　市町村から番地まで。

3、家族紹介　一家の主人、その妻、子どもの生まれ年（干支）と名前を述べます。

4、拝みの目的　屋敷の御願・健康願いなど。

5、お礼　拝みが終わったらお礼を言う。

サリ、アートートー、ウートートー

サリ、アートートー、ウートートーのあいさつの後に続く、自己紹介の基本形を自分で実際に書いてみましょう。この基本形はどのグイスでも最初に述べます。家族全員の干支と名前を述べます。

今日は□年（干支）の□月□日（旧暦）です。

こちらの（住所）□に住んでいる

（一家の主人）（干支）□年生まれの（姓）□（名）□

（妻）結びの□年生まれの（名）□

□年の□　□年の□

□年の□　□年の□

□年の□　□年の□

※「結び」とは「妻」の意味

いろいろなグイスの例

年間を通して行事に合わせたグイスがあります。
これらの主なものの例を紹介します。

1、ついたち・じゅうごにち（一日・十五日）

サリ、アートートー、ウートートー

自己紹介の基本形を唱える

今日の良い日に（干支）年生まれの女（名前）が一日（十五日）の拝みをいたします。日頃よりお守りくださりありがとうございます。清らかな水、黄金のような塩、尊い酒、生命感あふれる葉、地からのめぐみのウブクをそなえさせてもらいました。これからも天の神様、地の神様、北の神様、東の神様、南の神様、西の神様の四隅の神々様、門の神様、屋敷の中央の神様、十二支の神様の尊いお力を一つに結び、この家屋敷に住む家族が健康に無事に過ごせますようお守りください。また、この家屋敷に、魔物や病魔、他人の災いがありませんようにお守りくださり、万人の人とよい縁を持たせてください。

サリ、アートートー、ウートートートー

お願い事の方法

「ついたち・じゅうごにち」では、日頃の感謝と叶えたい願いがあれば、その願いの内容を言います。もし事業の成功なら、事業所の住所と業務内容は必ず言いましょう。ヒヌカンは私たちを見守り援助してくれる神なので、一方的なお願いではなく、「このように努力していますので、どうぞご支援お願いします」と具体的に自分の行動を述べてお願いしましょう。

2、年頭（一月一日）

サリ、アートートー、ウートートートー

自己紹介の基本形を唱える

（干支）の年が明けました。新年あけましておめでとうございます。昨年は、この家屋敷で家族一同が笑い福々、健康に過ごさせていただき、ありがとうございました。迎えました（干支）年も家族一同みな幸せに過ごせますよう火の神さまの御前から、天の神様、地の神様、十二支の神様、四方の神様、竜宮の神様にお願いいたします。三六五日、朝は陽の光に照らされて、夜は月の光に照らされて、道中、事故や怪我もなく、魔物、病魔、また、他人からの災いがありませんようにお守りください。たくさんの人と仲良く過ごし、人との縁をもたらせ、世のため人のための心を持たせてください。家族も和合し健康に過ごし、仕事も繁盛させてください。昨年より勝ってよい年でありますように。

サリ、アートートー、ウートートー

3、火の神のお迎え（一月四日頃）

サリ、アートートー、ウートートー

自己紹介の基本形を唱える

（干支）年の新年を迎えました。天にお帰りになられていますす火の神様をお迎えする日です。どうぞ、この線香の香りでできました七段の橋をお渡りになって、この家屋敷にお戻りください。天からは、健康の徳、食べ物の徳、お金の徳、学問の徳、人徳をお持ちになられてお戻りください。今年も一年、火の神様を通してお守りください。

サリ、アートートー、ウートートー

4、屋敷の御願（二月、八月、十二月）

サリ、アートートー、ウートートートー

自己紹介の基本形を唱える

今日のよい日に屋敷の拝みをいたします。十二本三本の線香と洗い清めたお米とお酒、お塩をお供えいたしまして□家の男と妻の□のお願いを申し上げます。天の神様、地の神様、北の神様、東の神様、南の神様、西の神様、ご門の神様、床の神様、中央の神様、便所の神様、この家屋敷をお守りくださいましてありがとうございます。どうぞ、これからも、この家屋敷に魔物、病魔、他人の災いが来ませんようにお守りくださり、この家屋敷に何の災い、異変がありませんように。

（以下二月、八月、十二月それぞれのグイスを続けます）

〈二月の場合〉

天神からたくさんの徳がありますよう今年一年上半期神々の光でこの家屋敷をお守りください。言葉の不足や失礼は未熟者ですのでお見逃しください。

サリ、アートートー、ウートートートー

〈八月の場合〉

地神からたくさんの徳がありますよう今年下半期、神々の光でこの家屋敷をお守りくださ
い。言葉の不足や失礼は未熟者ですのでお見逃しください。

サリ、アートートー、ウートートー

〈十二月の場合〉

神様からたくさんの徳がありますよう神々の光でこの家屋敷をお守りください。今年一年
お守りくださいましてありがとうございます。おかげさまで家族揃って健康で無事に過ごし
ました。来る新しい年もよい年でありますようにお守りください。言葉の不足や失礼は未熟
者ですのでお見逃しください。

サリ、アートートー、ウートートー

5、ウグヮンブトゥチ（十二月二十四日）

（年頭でお願いしたことを下げ、今年一年無事に過ごせたことへ感謝の祈りをします。）

サリ、アートートー、ウートートー

自己紹介の基本形を唱える

今年［（干支）］年の感謝を心より申し上げます。年頭にあげました願いは神々のお力で叶えていただきました。なにぶん未熟な者ですので失礼はあったと思いますが、この拝みで許してくださいますように。来年は今年以上に、家族のため、世の人のために力を注ぎます。清らかな米、水、酒をお供えし感謝申し上げます。これから天へ七橋をかけさせていただきますので昇天されましたら、［　］家の家庭円満、一年中平和でよい家庭だったことをご報告してください。不足があれば火の神様で補ってください。また、年が明けましたら天より今年に勝って福の神、徳の神をお連れになってお戻りください。心よりお迎えいたします。

サリ、アートートー、ウートートー

6、健康願い

サリ、アートートー、ウートートー

［自己紹介の基本形を唱える］

マシジヤ（父方の血筋は）［（夫の父方の姓）］、ウンヌカタヤ（母方の血筋は）［（夫の母方の姓）］、マシジヤ［（妻の父方の姓）］、ウンヌカタヤ［（妻の母方の姓）］、クサティィヤ（夫の）［（その家の姓）］の火の神様、ウヤファーフジ、今日のよき日に［　］家の［（名前）］の健康願いをいたします。

今年一年、体を強くし、魔物や病魔からお守りください。仕事や学校への往来は神々の光で包みこの子に何の障りもありませんように。健康に過ごさせてください。お願いいたします。

サリ、アートートー、ウートートー

コラム　グイスの表現

ここでのグイスはウチナーグチではなく標準語で表記しましたが、実際におばあさんが行っているグイスはほとんどがウチナーグチです。その言葉の響きやリズムは独特なものがあります。ここでいくつか紹介してみましょう。

・夫→「**クサティ**」*（寄りかかるものの意）　・妻→「**結び**」*（結びつき、姻戚関係の意）

・今日の良い日に→「**チュウヌ　ユカルヒ　マサルヒ**」

・今日は□月□日です→「**チュウヤ　□月□日デービル**」

・□をそなえさせていただきます→「**□ウサギヤイビクトゥ　ウキトゥティ　ウタビミソウリ**」

・見守ってください→「**ミーマンティ　ウタビミソウリ**」

・お願いします→「**ウニゲーサビラ**」

＊は高橋恵子著『沖縄の御願ことば辞典』参照

第二章　ヒヌカン・トートーメー十二ヵ月

ヒヌカン・トートーメーに関する年中行事を旧暦一月から十二月まで紹介します。それぞれの行事にはその行事で御願する対象をマークで示しています。

この章の見方

月日　旧暦を基準にしています。地域によって日取りが違う場合もあります。

行事名　通常よく使われている名称。（　）に別称などを紹介。

行事の由来と意味　一般的に伝承されている由来や意味。

お供え物　それぞれの行事に必要な供え物を紹介。
（基本の供え物についてはヒヌカン18頁　トートーメー27頁参照）

手順とグイス（御願の言葉）　その一例を掲載しています。

コラム　一口アドバイスや豆知識、いいつたえなど

旧暦・新暦一月一日

▼正月（元旦）

新年を祝う行事。子孫繁栄と長寿、その年の家族の健康を祈願します。

旧暦一月一日を「旧正月」（旧正）、新暦の一月一日を「新正月」（新正）といいます。現在では新正月の方が一般的ですが、今でも旧正月を盛大に行っているところもあります。仏壇ごとに関しては、両方行っている家庭も多いようです。

沖縄の正月の行事は、「若水汲み」から始まります。「若水」とは、若返る水ということ。昔は、男の子が朝早く近くの川や井戸やヒージャーに汲みにいったものですが、現在では年の初めの水ということなので、「正月の朝の水道水でＯＫ」とのことです。

沖縄の正月のあいさつは、「いい正月でーびる。若くないみそうちー」（いい正月ですね。お若くなられましたか）。年を一つ取るはずのお正月ですが、実は、若返り・再生の意味がある、めでたい日なのです。

新年の琉歌「あらたまぬ年《トゥシ》に　炭《タン》と昆布《クブ》飾《カザ》てぃ　心《ククル》から姿《シガタ》　若くなゆさ」

ヒヌカン

トートーメー

【お供え物】

■ヒヌカン

花木　若松やホルトノキの枝などがよい

三色の色紙　赤、白、黄色

鏡餅　あるいはウチャヌク

みかん、炭、昆布　各三セット

線香　十二本三本

※基本的には、いつもの供え物に、正月っぽく三色の色紙と鏡餅（あるいはウチャヌク）、みかん、炭、昆布が加わります。飾り付けられた炭や色紙は、市場などで売られています。

ヒヌカンのウチャヌクなどの供え物は、三セットが基本ですが、場所が狭くて大変な場合もあるので、そのような場合は、「理由を言って減らしてもらってもいい」そうです。沖縄では鏡餅を飾る習慣は比較的新しいものです。

■床の間

鏡餅もしくはお米

三方の上に三色の色紙をのせ、お米は重箱や丸い盆の大きさに合わせて七合か九合を盛る。

みかん、炭、昆布

若水、酒　徳利やカラカラに入れ、盃とセットで置く。

生花　松竹梅などを入れて豪奢にいきたい。水引などを飾ると正月らしくなります。

床の間は、「本来、男性がとりしきる習わし」だそうです。床の間がない場合は、玄関や居間などのいい場所に供えてください。

■仏壇

花木、お茶

みかん、炭、**昆布**の下に**三色の色紙**を敷く。

正月の料理

■門　**若松**を門に飾る。

床の間のお正月飾り（例）

【正月料理】

沖縄のお正月といえば、昔は「豚正月」と言われるくらい、メインの料理は豚肉中心でした。現在でも正月準備となると、市場やスーパー、肉屋さんは大忙しです。

また最近は、各家庭で好きな料理を作っていますが、スーパーでは正月用オードブルも売られているので、お客さんが多い家庭では、おおいに利用されています。

重箱料理に関しても決まったものはなくて、正月は、神・仏・人ともにめでたい行事なので、重箱は使わないで、最近では丸い大皿にご馳走を盛り付けて、皆でいただきます。

基本は縁起のいい料理。昆布巻き、海老や魚のてんぷら、花イカ、ターンム田楽、クーブイリチー、ジーマーミドーフ、汁物では中味汁、イナムドゥチやソーメン汁などがよく作られます。また最近は、ヤマト風に「お雑煮」を食べる家庭もあります。

【手　順】

1、若水を盃に入れてヒヌカンにミズトウ（水を供える）をして、年の始めのあいさつと家族の健康を祈願する。

年頭拝みのグイス〈例〉

サリ、アートートー、ウートートー

自己紹介の基本形を唱える

（干支）の年が明けました。新年あけましておめでとうございます。

昨年は、この家屋敷で家族一同が笑い福々、健康に過ごさせていただきありがとうございました。迎えました□年も家族一同みな幸せに過ごせますよう火の神様の御前から、天の神様、地の神様、十二支の神様、四方の神様、竜宮の神様にお願いいたします。

三六五日、朝は陽の光に照らされて、夜は月の光に照らされて、道中、事故や怪我もなく、魔物、病魔、また、他人からの災いが有りませんようにお守りください。

たくさんの人と仲良く過ごし、人との縁をもたらし、世のため人のための心を持たせてください。家族も和合し健康に過ごし、仕事も繁盛させてください。昨年より勝ってよい年でありますように。サリ、アートートー、ウートートー

2、床の間にヒヌカンと同じようにミズトウし、年頭御願をする。
3、仏壇に若水でお茶を点て、ウチャトウして、年頭御願をする。
4、年長者が年の始めの挨拶をして、家族で朝ご飯を頂きます。子どもたちはお年玉を待っています。本家や親類への年頭廻りは、早朝は避け、昼過ぎから廻るとよいでしょう。昔は、元日の最初の客として男性が訪れるとカリーがつくと言われていました。

コラム

若水で若返る方法

正月に家の年長者が中指で若水をとり、家人の額に三回つけます。これは「ウビナディ」（お水撫で）といいます。子どもが生まれた時にもやりますすね。また、若水を使って手足を洗い清めたり、料理や飲み物を作ります。若水を体内に摂り入れることで、若返るということです。

また豚の肝を水炊きしたものを「チムビルク　ムタチ　クィミソーリ」（広い心を持たせてください）と祈って食べる家庭もあります。これは豚の肝を食べることで、人間の心（チム）を若々しく丈夫に、また寛大な心になることを願うものです。＊

＊は高橋恵子著『暮らしの中の御願』参照

豚の肝（チムガー）

Q　ヒヌカンが天にお帰りになっている正月には
ヒヌカンの御願はやらなくてもいいのでしょうか？

A　火の神様は、三神いらっしゃるといわれており、交代制で毎年一神が留守を守り、後の二神が天にお戻りになるそうです。ですからお正月でも神様がヒヌカンにいらっしゃいます。

また、お正月は、年神様が天から下りてくるので、その接待もされているそうです。ですから、新年の御願は、火の神様のみでなく年神さまにも通じるものです。お正月の御願は「一年の計は元旦にあり」で、火の神様に、一年の目標を立てる御願でもあります。

コラム　若水のいいつたえ

昔、天の神が人間に永遠の若さを授けようと使者を送った。使者は、神に命じられた通り若返りの水をたたえた桶を天秤でかついで下界に降りてきたが、旅の疲れもあり木の下で眠ってしまった。そこに蛇があらわれ、若返りの水を浴びた。こうして蛇は脱皮をするようになり永遠の若さをえた。これを見て人間を哀れに思った神は、永遠の若返りのかわり年に一度だけ若返る水を正月に与えることにした。その言い伝えから沖縄では、正月は若水で若返ると言われるようになった。

旧暦・新暦一月二日、三日頃

▼ハチウクシー（初起し）

仕事始めのこと。その年初めて仕事をするときに行います。漁師たちの場合はフナウクシー（舟起こし）と言い、今年一年の安全と豊漁を祈り、大漁旗を掲げます。また農家では、ハチバル（初畑）と言い、ハルマーイ（畑を一周して鍬を入れるまねをする儀礼）をして、農機具に酒や水をまき豊作を祈ります。役所や一般の会社では初荷や御用始めとして、新暦四日ごろから仕事を始めます。

ヒヌカン

トートーメー

【お供え物】 線香　十二本三本

【手順とグイス】 ヒヌカンに線香を立て、次のようなグイスで祈願します。

サリ、アートートー、ウートートー　今日から、仕事が始まります。（住所と干支と名前を告げる）（住所）にある（職場名）で仕事をはじめます。どうぞ、神々の良い光をお当てになられて、職場への行き帰り、仕事のなかにもなんらトラブルがありませんようお守りください。今年一年、たくさんの人々の力を借り、また人の力になりますように。

サリ、アートートー、ウートートー

旧暦一月四日

▼ヒヌカンの迎え日（サカンケー）

旧暦の十二月二十四日に天に戻られていたヒヌカンが帰ってくる日です。この日、ヒヌカンは、天から新しい「帳簿」をもって降りてくるとされています。またウヤファーフジに感謝して、信仰厚く善行を重ねると、「ヒヌカンがパワーアップ（！）して降りてくる」といわれています。元旦に行うところもあります。

【お供え物】

白紙　三組（36頁参照）
線香　十二本三本　三組
　　　三本　七組
赤飯を供える場合もあります。

線香は次々に火をつけるのであらかじめ準備して傍においておく

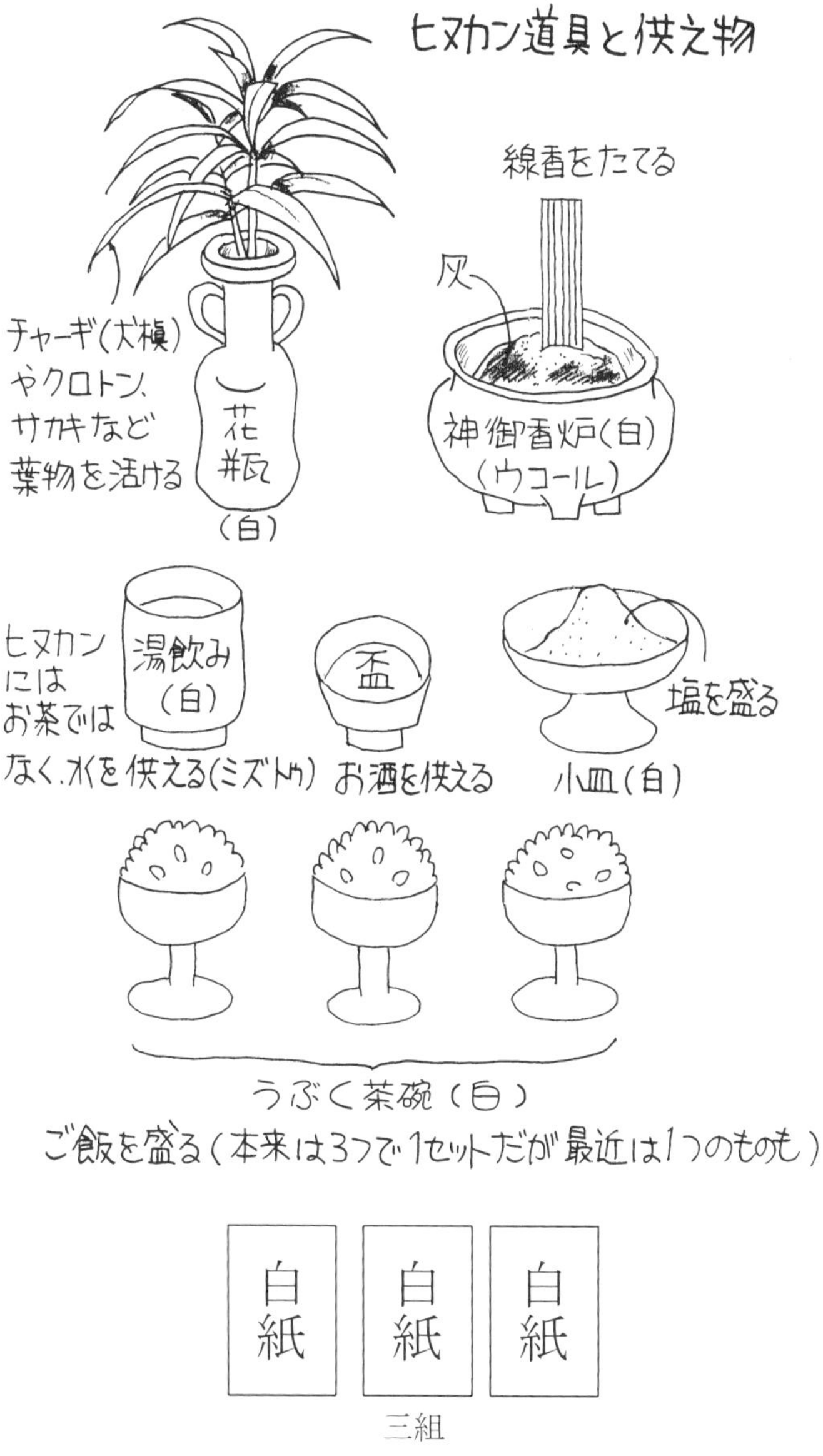
ヒヌカン道具と供え物
線香をたてる
灰
チャーギ(犬槇)
やクロトン、
サカキなど
葉物を活ける
花瓶
(白)
神御香炉(白)
(ウコール)
ヒヌカン
には
お茶では
なく、水を供える(ミズトゥ)
湯飲み
(白)
盃
お酒を供える
塩を盛る
小皿(白)
うぶく茶碗(白)
ご飯を盛る(本来は3つで1セットだが最近は1つのものも)
白紙
白紙
白紙
三組

【手順とグイス】

1、香炉のまわりを掃除し清める。

2、白紙を三組、ヒヌカンの香炉の前に置きます。(家のしきたりによっては一組のところもある)

正月飾りはそのままにしておきます。

3、十二本三本を三組、火をつけて立てて、香炉に向かって次のように祈ります。

ヒヌカン迎えのグイス〈例〉

サリ、アートートー、ウートートー

(住所と干支と名前を告げる)

(干支)年の新年を迎えました。天にお帰りになられています火の神様をお迎えする日です。どうぞ、この線香の香りでできました七段の橋をお渡りになって、この家屋敷にお戻りください。天からは、健康の徳、食べ物の徳、お金の徳、学問の徳、人徳をお持ちになられてお戻りくださいさい。今年も一年、火の神様を通してお守りください。

サリ、アートートー、ウートートー

4、次に三本ウコーを並べて立てます。一本ずつ火をつけて順に横並びに立てていきます。ひとつ立てれば祈り、またひとつ立ててというように、「線香で橋を架けることをイメージ」し、「七橋をかける」と表現したりします。ただし、しきたりや香炉の大きさなどから、三本御香七組の線香は行わない家庭もあります。

最後の七本目を立てたときに、あらためて正月のあいさつをし、「今年も□家の火の神様のお力でこの家と家族をお守りください」と願います。

十二月二十四日の「ウグヮンブトゥチ」の時に左から線香を立てたら、お迎えは逆に右から立てるようにします。

ヒヌカン迎え日の線香

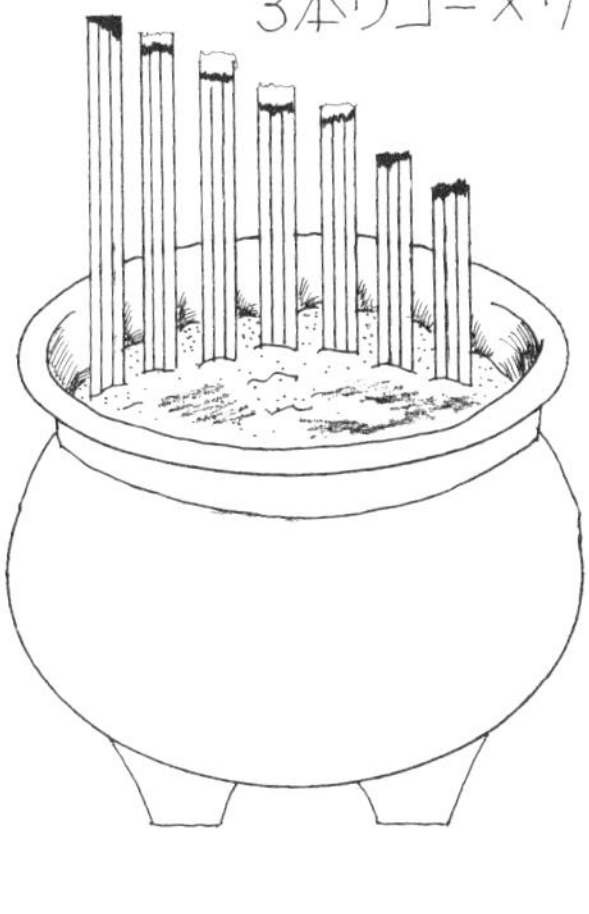

Q 香炉が小さくて七橋（三本御香七組）がかけられないのですが、どうしたらいいでしょうか？

A

昔は、「神香炉もトートーメーの香炉も大きいものがよい。トートーメー（位牌）は小さい方がよい」と言われていました。香炉が大きいということは、線香を立ててくれる子孫が大勢いて、その分立てる線香も多いことから「繁栄している家庭」の意味だったそうです。このことから、昔の人は大きめの香炉を好む傾向にあり、七橋（三本御香七組）を立てるだけの余裕もあったんですね。

しかし、最近では台所のスペースの問題で、香炉が小さいご家庭がたくさんあります。無理に七橋（三本御香七組）を立てて、熱で香炉が割れたり、やけどをするなどの危険を伴うより、ヒヌカン迎えのグイスの時に火の神様に事情を話し（これを「道理を立てる」と表現したりします）「心からお迎えします」の気持ちを伝えればいいそうです。人の誠意に背く神様はいないといわれています。

このように様々な事情や家庭のしきたりで十二本三本を三組だけ立てて拝み、七橋（三本御香七組）は行わない場合もあります。

旧暦一月二日〜十三日（自分の干支の日）

▼トゥシビー（生年祝い）

厄を払い、元気で健康に過ごせるように、ウヤファーフジやヒヌカンに祈ります。特に生まれ年（生まれた干支と同じ干支）の人（年男、年女）は大きく祝いますが、それ以外の人も、自分の干支の日に健康願いを行います。本土での厄年は、男二十五・四十二・六十一歳、女十九・三十三・三十七歳ですが、沖縄では、生まれた干支の年が厄年になります。

年が明けて最初の干支の日に、「トゥシビースージ（生年祝い）」を行います。ヒヌカンや仏壇に祈願して、神々や祖先に見守ってもらい、また来客の方の祝う気持ちで厄を払い、これからの健康を祈ります。

トゥシビーは、十二年ごとにまわってくる生まれ年に行う厄払い。厄年にあたる時は「結婚や引越し、新築は避けて、つつましやかに過ごすといい」と伝えられています。

「十三祝い」は女の子の場合、他家に嫁ぐので、生家での最後のお祝いになることから、盛大に行われたそうです。最近は、小学校で五年生全員を親と先生方でお祝いしたり、家庭で友達を呼んで、ホームパーティーをすることも多いです。

一般的に「トゥシビー」のお祝いというと、六十一歳以上からというイメージが強いのは、特に盛大に行うからです。集落全体で合同の生年祝いをするところもあります。最近はホテルや料亭での「生年祝いパック」などを利用する事も多いですよね。いずれにせよ、準備は大変なので、兄弟姉妹、親戚で協力して、心のこもったトゥシビーのお祝いになるようにしたいものです。

トゥシビー（生年祝い）

数え年	満年齢	スージ名
13歳	（満12歳）	十三祝い
25歳	（満24歳）	
37歳	（満36歳）	
49歳	（満48歳）	
61歳	（満60歳）	還暦祝い
73歳	（満72歳）	七十三の祝い
85歳	（満84歳）	八十五の祝い
88歳	（満87歳）	*トーカチ
97歳	（満96歳）	*カジマヤー

＊88歳は生まれ年ではないが、トーカチユーエーとして８月８日に行う→「旧暦八月八日　トーカチ」（118頁）参照

＊カジマヤーとは風車の意味。
９月７日に行う→「旧暦九月七日　カジマヤー」（126頁）参照

生まれ年以外の人の健康願い

その年が干支ではない人の健康祈願を、正月の翌日から十三日の間にめぐってくる「生まれ干支の日」に、ヒヌカンと仏壇に行います。毎日の干支が書かれている暦を参考にして下さい。ヒヌカンや仏壇に手を合わせるのは一般に主婦の仕事ですが、「自分と同じ干支の日には手を合わせてはいけない」といわれているので、その場合は家族のだれかに代わってもらいましょう。

【お供え物】

線香　十二本三本

赤うぶく

果物

【手順とグイス】

お供え物をして、線香をあげる。次のような健康願いを行う。

健康願いのグイス〈例〉

サリ、アートートー、ウートートートー
（住所と干支と名前を告げる）マシジヤ（父方の血筋は）（夫の父方の姓）、ウンヌカタヤ（母方の血筋は）（夫の母方の姓）、マシジヤ（妻の父方の姓）、ウンヌカタヤ（妻の母方の姓）、クサティヤ（夫の）（その家の姓）の火の神さま、ウヤファーフジ、今日のよき日に□家の（名前）の健康願いをいたします。今年一年、体を強くし、魔物や病魔からお守りください。仕事や学校への往来は神々の光で包みこの子に何の障りもありませんように。健康に過ごさせてください。お願いいたします。
サリ、アートートー、ウートートートー

コラム　トゥシビーお祝いで慎む点

同じ干支の人の祝いに同席することを嫌がる風習があります。相手の方が気にするようでしたら、代理で行ってもらったりしたほうがいいかも。なぜ、同じ干支の人を避けるかというと、同じ干支の人同士で厄を受け渡しすると、運勢の強弱によっては逆に厄をもらってしまって、病気や突然の不幸に見舞われることがあるといわれ、これを「サーマキ」と言います。年日だけでなく、葬式でも、同じ干支の人の葬式には、最後の方に行くとか、ご遺体の近くに最初に近寄らないようにするとのことです。

▼七日節句（ナンカヌシク）

松飾りを取り、雑炊を神仏に供えます。

十六日からは、仏事（仏壇ごと）が始まるので、派手な飾りものは片付けていきます。

また、この日は菜雑炊（ナージューシー）をヒヌカンや仏壇に供えます。本土の七草粥のように決まった野草はありませんが、沖縄で普段よく見かける野草を使っています。

【お供え物】

雑炊

線香　十二本三本

左上から時計回りに　ヘラオオバコ、オニタビラコ、カタバミ、アシタバ、ヨモギ、ハママーチ、リュウキュウコスミレ

旧暦・新暦一月十六日

▼ジュールクニチー（十六日）

トートーメー

この日は、「グソー（あの世）の正月」といわれています。お墓にお参りして料理をお供えして、ウチカビを焼いて祖先への供養とします。地域により盛んなところとそうでないところがあります。盛んな地域では、シーミーは行わないところもあります。

特に盛んなのは宮古・八重山などの離島や山原で、そのために多くの人々が帰省します。また、地域によっては新暦の一月十六日に行うところもあります。シーミーと共通点も多く、一説によると、シーミーが盛んになる前から行われていたのではないかと言われています。那覇港の入口にある三重城（みーぐしく）では、離島出身の人たちがごちそうを広げ、故郷のお墓にウトゥーシ（お通し＝遥拝）する風景を見かけます。

那覇や首里では、前年に亡くなった人がいる家では、初めて迎える旧一月十六日を特に「ミーサー」（新仏）とよび、三年忌の間はこの日に墓参りをします。ジュールクニチーから仏壇ごとを始めてもいいとされ、供える料理も仏壇用の重箱料理です。ミーサー（ミージュールクニチー）のあった家では、お墓参りは簡単にすませて、仏壇に重箱を供えておき、焼香に訪れる親類縁者を迎えます。

【お供え物】

線香、ウチカビ

重箱料理　チュクン（ウサンミ二つ、餅重二つ）

シーミーや彼岸、旧盆などとほぼ同じです。法事の場合、かまぼこは白かまぼこ、豚三枚肉は皮が上になります。

コラム　ミーサー（ミーグソー）のジュールクニチー

亡くなって間もない霊（ミーグソー）は、あの世でまだ新参者なので、不慣れな点が多いと言います。そこで、あの世で成仏をしている、いわゆるあの世のプロとなった親戚の霊にミーグソーを託し、あの世の正月を一緒にお祝いしてくださいと頼むのだそうです。なぜ十六日なのでしょう。十四日までは、神と生きている人の祝いで、神々がこの世に留まっており、神聖な時期だと考えられているからです。だから墓参りなどの不浄を避けて十四日の小正月で区切り、十六日から仏になった人を供養するのだそうです。

●宮古のジュールクニチー

宮古島では、シーミーはなく、旧暦十六日にジュールクニチーが盛大に行なわれます。お墓に親族が集まって重箱料理やごちそうをお供えする、本島のシーミーのような雰囲気です。お墓の周りに何枚ものクワズイモの葉を用意し、重箱料理やおもちなど細かく刻んだものをのせて、それぞれに線香をたいて手をあわせます。

●ヤンバルのジュールクニチー

旧暦で行っているところと新暦で行っているところがあります。門中墓なので地元はもちろん大勢の人々が沖縄中から集まります。各家からお重を持ち寄り、お墓にお供えしてお祈りしてから、クワッチーをいただきます。ちゃんと世話役がいて、会費制ではありませんが、寄付は受け付けています。この寄付金を維持費にあてているようです。ヤンバルはシーミーもやりますが、ジュールクニチーのほうが盛大です。

▼二十日《はつか》正月

「送り正月」「オワリ正月」ともいい、残っている正月飾りを全て片付けます。これにてお正月はおしまいです。ご苦労様。チャンプルーなどの普段の簡単な料理を、ヒヌカンや仏壇に供えて、正月の終わりを告げましょう。

ヒヌカン

トートーメー

首里十二ヵ所

年明けに、自分の生まれ年の十二支に対応した「守り本尊」を祀っている首里のお寺を拝みます。実際は十二ヵ所ではなく四ヵ所のお寺に祀られています。それぞれのお寺の「守り本尊」を知っていると良いでしょう。

1、**首里観音堂**（慈眼院）
子「千手観音」　丑・寅「虚空菩薩像」　辰・巳「普賢菩薩」　午「勢至菩薩」
2、**達磨寺**（西来院）　戌・亥「阿弥陀如来」　卯「文殊菩薩」
3、**安国寺**　酉「不動明王」
4、**盛光寺**　未・申「大日如来」

旧暦二月一日～十日頃

▼屋敷の御願（ヤシチヌウグヮン）

沖縄では、「土地は神からお借りしている」と考えられ、家には屋敷の神がおり、節々にはお礼と家族の繁栄と安全、そして「周りとの円滑な生活を送れますように」と祈ります。

二月の屋敷の御願は大切で「ウタティ　ウニゲーヌウグヮン（願いをたてて祈る）」と呼ぶそうです。一月から六月までの上半期のための御願です。日取りは御願する人の生まれ年の日（暦に記載されています）を避けて、二月一日から十日の間にやるといいとのことです。

住んでいる家がアパートや貸家など自分の土地でない場合は、屋敷の四隅の御願は必要ありません。家のヒヌカンとトゥフアシラ（玄関やベランダに面する入口）、トイレを拝みましょう。

この御願は、本格的な御願セットが必要です。ウチャヌク（お餅）は時々スーパーで売っているのを見かけますが、いつも置いてあるわけではないので御願の時は事前に注文しておきましょう。専門の店も馴染みになっておくのもよいでしょう。

ヒヌカン

【お供え物】

白紙　三組を八セット＋トイレの数分（36頁参照）

線香　十二本三本三組を八セット＋トイレの数分

内訳
ヒヌカン分　一セット
四隅分　四セット
門の分　三（右、左、中央）セット
トイレ分　トイレの数　セット

果物　みかん、バナナ、りんごなど

ウチャヌク

酒

水、塩

アライミハナ　水で七回洗ったお米

カラミハナ　洗っていないお米

これらをお盆にのせて御願セットとして準備する。

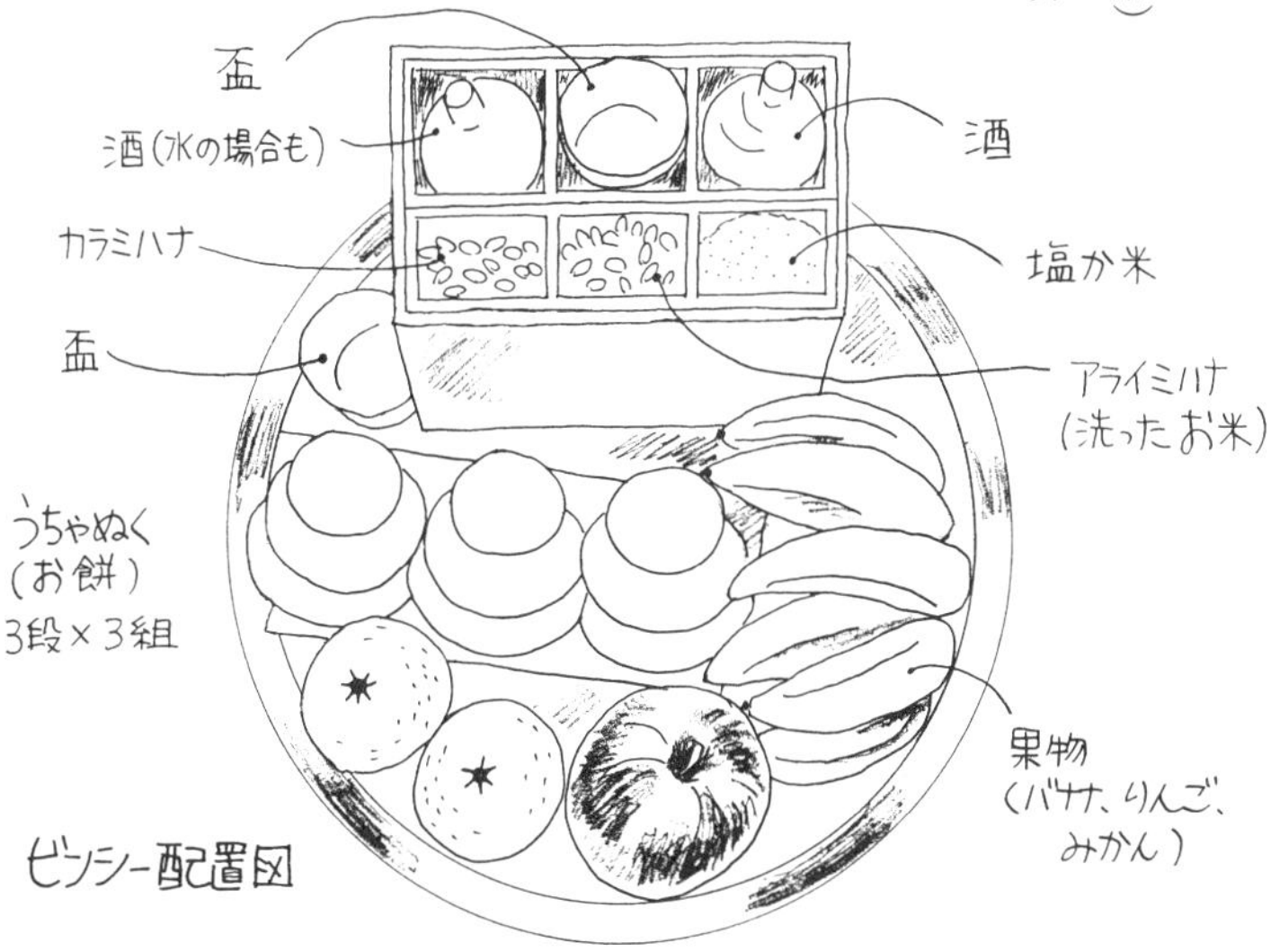

ビンシー配置図

【手順とグイス】

お供え物をひとつの盆に盛り（御願セット）、ヒヌカンから始めます。

まず線香に火をつけて、次のような御願をし、これから屋敷の御願をするあいさつをします。

屋敷御願のグイス〈例〉

サリ、アートートー、ウートートー

住所と干支と名前を告げる

今日のよい日に屋敷の拝みをいたします。十二本三本の線香と洗い清めたお米とお酒、お塩をお供えいたしまして□家の男と妻の□のお願いを申し上げます。天の神様、地の神様、北の神様、東の神様、南の神様、西の神様、ご門の神様、床の神様、中央の神様、便所の神様、いつもこの家屋敷をお守りくださいまして、ありがとうございます。どうぞ、これからも、この家屋敷に魔物、病魔、他人の災いが来ませんようにお守りください。神様からたくさんの徳がありますよう、今年一年上半期、神々の光でこの家屋敷をお守りください。言葉の不足や失礼は未熟者ですのでお見逃しください。

サリ、アートートー、ウートートー

続いて屋敷の北端に御願セットを持って移動します。御願セットを屋敷の北に向かって置き、ヒヌカン拝みの時のように屋敷の御願を行います。外での線香は、最近ではヒジュルウコー（火をつけない線香）が多いです。または火をつけてもすぐに消す場合もあります。ヒジュルウコーの場合、白紙の上に線香を置いてビンシーのむこう側に並べます。気持ちがあれば火をつけてなくても大丈夫とのことです。

御願が終わったら、米と塩と酒を線香の上に少しふりかけ、線香を頭上におしいただきます（カミユン）。

御願は、①北 ②東 ③南 ④西 ⑤門 ⑥トイレ（二階にあれば二階のトイレも）の順に行います。もちろん移動するたびに、御願セットは持ち歩きます。御願で使用した線香や白紙はそのままにしておき、北、東、南、西、門の外の御願が終わったら、御願をした順序で片付けます。これらは家の中に持ち込まないように、袋などに入れて外に置いておき、ゴミの日に出すようにしましょう。

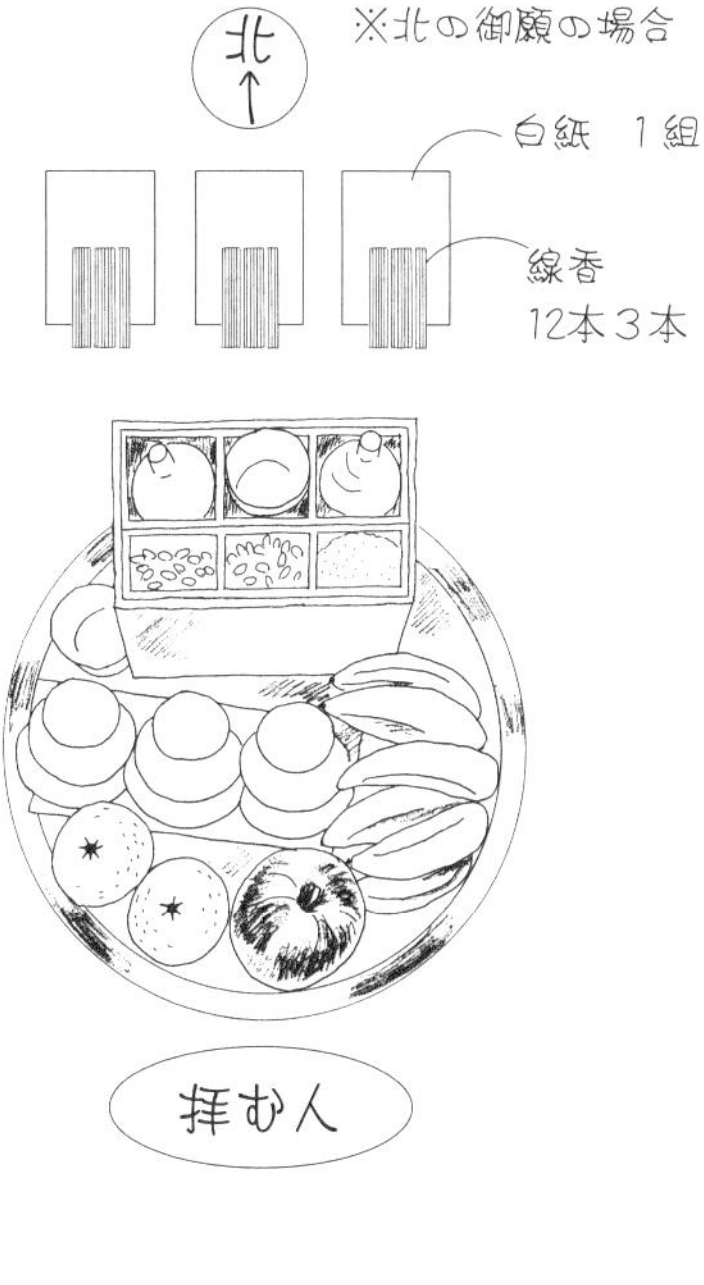

〈屋敷の御願の順序〉

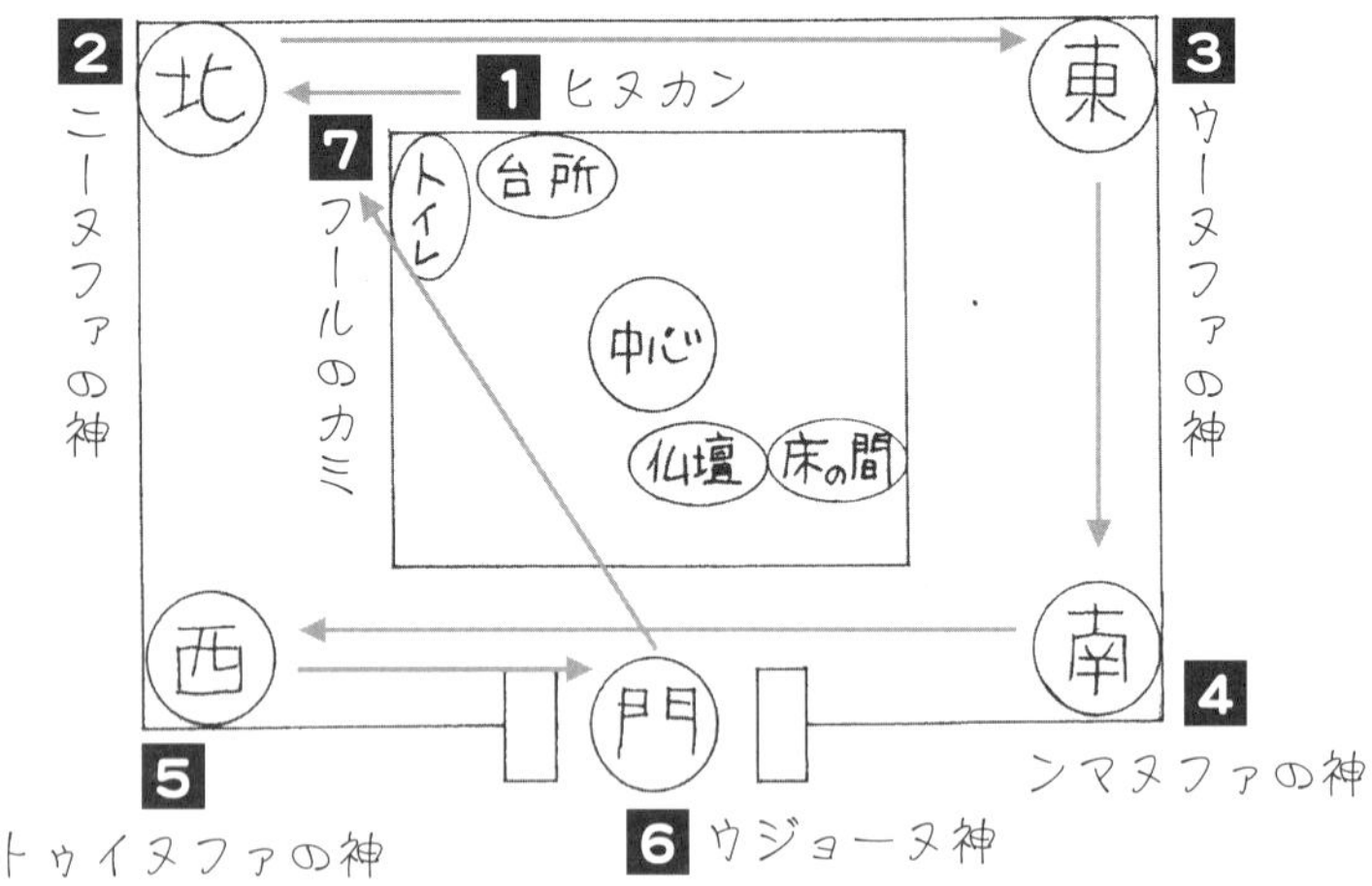

※1～7の順に拝む

屋敷の神について

北の神は、すべての始まりの神。

東は、大黒柱や長男、事業、学問の神。

南は、健康、女、クェーブー（喰福）の神。

西は、お金の神。

フールヌカミ（トイレ）は、不動明王と考えられ、悪霊退散やどこで落としたかわからない時のマブイグミ（魂込め）をしたり、全ての穢れを流してくれる神です。

　中央の神は、家の中央に位置し、それぞれの神々をまとめるとされ、家の背骨とされます。

フールヌカミの前に家の中央付近の柱を南か東向きに拝む場合もあります。

Q 「屋敷の御願」の日取りはどうやって決めたらいいのでしょうか？

A 二月や八月などその月に入ったら早めに行ってもいいそうです。日取りに関しては大安など、お日柄のいい日が好まれるようですが、休みの日など時間がある日に行う人も多いようです。しかし、大黒柱や長男の生まれ干支の日は、避けた方がいいと言われています。生まれ干支の日と同じ干支に御願を行うとサーマキ（精負け）するという説があります。例えば、巳年の人には巳年の守りの神様（チジと言ったりもします）がついているので、同じ神様に重複した拝みや家族分の御願を入れると、頼まれた神様の負担になるからだそうです。

また、「屋敷の御願」は陽の高いうち、できるだけ午前中に済ませるのがいいそうです。

Q 「屋敷の御願」の時、門での御願はどこに向かって行うのか？

A 一般に門の神様に対しては、外向きに手を合わせることが多いようです。

外向きの場合は、よそから入ってくる災いを外へ出すという意味合いがあり、内向きの場合は、外から入ってくる福の神を招き入れる意味があります。そのため二月の屋敷の御願は招福という意味で内向きに、八月と十二月は除災という意味で外向きに行う場合もあります。

門のないアパートなどの場合には、玄関を門として考えてもいいそうです。その時には、「よそからの災いはここから一歩も入る事はなりません。福の神様や成功の神様だけこの家にお入りください」と案内をします。ただし、最近は門や玄関のすぐそばに道路などがあり危険を伴う事が多いので、内や外にこだわらず安全に御願を行うことを優先して下さい。

「人が手を合わせるとそこには神が立つ」そうです。外向きでも内向きでも手を合わせるとそこに神様が立つことになりますので、前に立つ神様に御願すればいいそうです。

Q 「屋敷の御願」を一年に三回やるのはなぜ?

A 二月は「タティウガン（立て御願）」で、新年のあいさつと今年の決意表明の御願です。去年のいい事は引き継ぎ、災いは決して受けないことをいいます。受験のある家庭は合格を祈願し、事業主なら事業の成功を、それらの目標達成までの努力を健康祈願とともに報告します。

八月は「厄払い」で、盆の後、土地や家屋を清めるためと、グソー（後生）に戻れない無縁仏が悪さをしないように土地の神様の守りを強めていただく御願です。シバサシと一緒に行う家庭が多くなりました。

十二月の屋敷の御願は、シディガフウ（感謝の拝み）といわれ、一年間、守りいただいた土地や家屋に、感謝とねぎらいをする拝みです。また、除災招福の御願でもあります。最近では同じ日に、ウグヮンブトゥチ、ヒヌカンの昇天を行う家庭が多くなりました。

コラム　屋敷をきれいに

こんな長い屋敷の御願の拝み言葉（グイス）を覚えられないと、ギブアップの方へ。

あるベテラン嫁いわく言葉は違っていても「いつもお世話になっております、これからもよろしくお願いします」という気持ちを込めて言うことだそうです。イメージとしては「上司や目上の人から大切なものを預かっている感じで、その土地に住まわせてもらっていることに感謝しましょう」とのこと。

普段は、家の中かお墓の前での御願ですが、このときは家の外で何カ所も廻るので大忙しです。でも「屋敷の御願は大切だけど、それ以上に普段から屋敷をきれいに掃除して神様に失礼のないようにすることが大事」だそうです。あいたた。確かに年配の方が自分の屋敷だけでなく、家の前の道路まできれいに掃き掃除をしたりしている姿をよく見かけます。まずは自分の家からきれいにしなくっちゃ……。

旧暦二月十五日頃

▼二月ウマチー

麦の初穂を祀《まつ》るウマチー。初穂を仏壇に供え、豊年と健康と繁栄に感謝します。門中ごとに集まり、ムートゥヤー（本家）で、仏壇を拝むところもあります。以前は、この日に畑に出るとハブにかまれるとか、針仕事をしてはいけないとされ、農家の束の間の休日だったらしいです。

ヒヌカン

トートーメー

【お供え物】

麦の初穂（現在ではお米を供えたりする）

線香　十二本三本

「十五日」なので、当然、通常のヒヌカン、仏壇に拝みをしますが、ウマチーはもともと農耕儀礼なので、ムートゥヤーなどでは、ちゃんと行っています。ムートゥヤーに行って自分たちのルーツに感謝するのもいいでしょう。

新暦三月二十日前後

▼彼岸

ヒヌカン

トートーメー

祖先供養のまつり。彼岸の中日をはさんで前後三日の七日以内に仏壇にごちそうを供え、祖先供養、家族の災害除去、健康祈願を行います。県外ではお墓参りを行う習慣がありますが、沖縄では墓参りは、ほとんど行いません。もともと農作業の区切りとして行われていた行事が仏教と結びついて、年中行事として定着したのであろうと考えられています。

彼岸は、もともと仏教用語で、現世と来世の境を川にたとえ、煩悩の多い現世を川のこちらの岸「此岸（しがん）」、悟りの境地である来世を川の向こう岸「彼岸（ひがん）」と呼ぶことから来ています。「暑さ寒さも彼岸まで」という季節の節目でもあります。

【仏壇のお供え物】

お花、お茶、ウサンミ（餅、豚肉、てんぷら、豆腐など）

お菓子、果物、ウチカビ（家族の人数分）、**線香**　十二本三本（三組）、三本（家族の人数分）

彼岸の仏壇供え物(例)

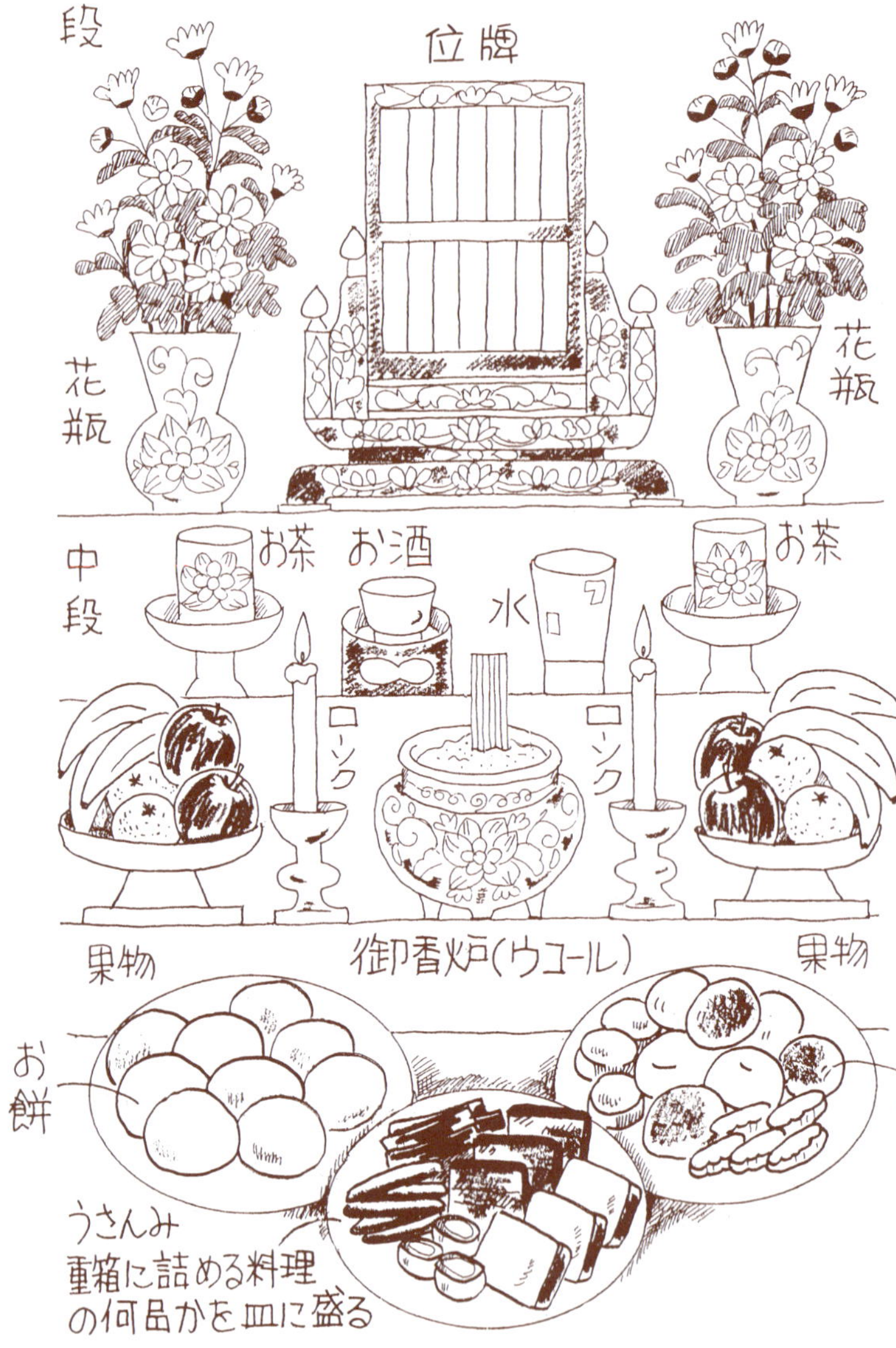
上段
位牌
花瓶
花瓶
中段
お茶
お酒
お茶
水
ローソク
ローソク
下段
果物
御香炉(ウコール)
果物
お餅
お菓子
うさんみ
重箱に詰める料理
の何品かを皿に盛る

【手順とグイス】

1、仏壇に、ウチャトウして、お供え物を供えます。

2、線香十二本三本の三組を立てて、拝みます。

彼岸のグイス〈例〉

サリ、アートートー、ウートートー

住所と干支と名前を告げる

今年も彼岸の日を迎えました。

火の神様から、ご先祖様に今日まで幸せに過ごせたことへ感謝をいたします。

これからも、家族一同健康で仕事も順風満帆でいきますようにお守りください。

サリ、アートートー、ウートートー

3、家族一人ずつ線香（三本）をあげます。

4、ウチカビを家族の人数分、焼きます。

旧暦三月三日

▼浜下り（ハマウリ）

この日は、「サングヮチサンニチ」「サングヮチャー」といって、女の節句です。女性たちがごちそうを持ち寄って浜辺に出て遊ぶ日で、これを「浜下り」（ハマウリ）と言います。身を清める禊《みそぎ》の儀式とされています。この日は大潮で、潮干狩りを楽しみます。地域によっては、集落ごとに盛大にムラアシビを行うところもあります。

特に女の子の健康を願う日で、娘の健康と、いつものように家族の健康と繁栄を祈ります。浜下りをしたら、まず娘の額に潮水でウビナディ（額に三回潮水をつける）をし、「健康にしてください、悪いものはすべて押しのけてください」と祈り、娘に白砂を踏ませます。*

海に入ったり、砂浜を歩くことで心身を清めるということは、いまでも行われています。祭りの際や墓地を清める時に白砂を一面にまいたりするのも、こうした清めの一つなのです。

海に入って心身を清めるということは、三月三日でなくても行うことがあります。例えば、鳥が突然家の中に入ってきたような、いわゆる不吉な前兆があった時です。気分を晴らすために浜辺を

散歩するのも、そうした効果があるかもしれませんね。

＊は高橋恵子著『暮らしの中の御願』参照

【お供え物】

三月御重（サングヮチウジュウ）

海の物、山の物が入っている重箱料理。昆布巻き、豚のごぼう巻き、花イカ、うずらのゆで卵、魚のてんぷら、赤飯のおむすびなどのご馳走、三月菓子、よもぎ餅などを詰めます。特に娘が生まれて初めて迎える三月三日には、「ハチウジュウ」（初御重）といって、色鮮やかなウジュウを作って、仏壇にお供えします。

三月菓子（サングヮチグヮーシ）

サーターアンダギーとともに沖縄の代表的な揚げ菓子です。角棒状で包丁目がはじけてふくらんだ様子がポイント。三月以外でも食べていいはず。

よもぎ餅と三月菓子

新暦四月五日から

▼シーミー（清明祭）

「清明」とは、二十四節気の一つで、新暦の四月五日頃の「清明入り」から、その後の二週間の間で行われる、中国から伝来した祖先供養の行事です。門中単位で祖先の墓に出向き、親族そろって墓参りをし、その後墓庭で賑々しい会食が盛大に行われます。「お盆」「正月」と並び、沖縄では、もっとも盛大な行事です。

「清明」の言葉通り、清く明るい季節を迎え、木々が芽吹き、植物が活動を開始する頃に行われます。土地の神さまにお礼をすると同時に、ウヤファーフジの祖先供養を行い、親戚一同が顔を合わせて、仲良く歓談する大切な行事です。直接お墓に出向くことで、お墓を大切にする気持ちが強くなり、祖先を身近に感じることができる日でもあります。「先祖が祀られているところで、子孫が仲睦まじくにぎやかに過ごすことは、祖先孝行になる」とのこと。忘れていけないのは、大切な祖先を祀らせていただいている、その墓の土地の神様に感謝することです。

シーミーの入り日に行う「神ウシーミー」は、門中やハラ（親族組織）など、祖先とのつながり

トートーメー

のあると考えられる古い墓（按司墓、ノロ墓など）を墓参りし、祖先供養をします。

【お供え物】

ビンシー

果物

線香　十二本（二組）　三本（人数分）

重箱料理（ウサンミ）　二重

餅重　奇数の餅　二重

お菓子　まんじゅうなど奇数個

水、お茶、花

ウチカビ

※取り分け皿、割り箸、お手ふきなど会食の準備や敷物や日よけ、ゴミ袋、マッチなど必要品を忘れずに。

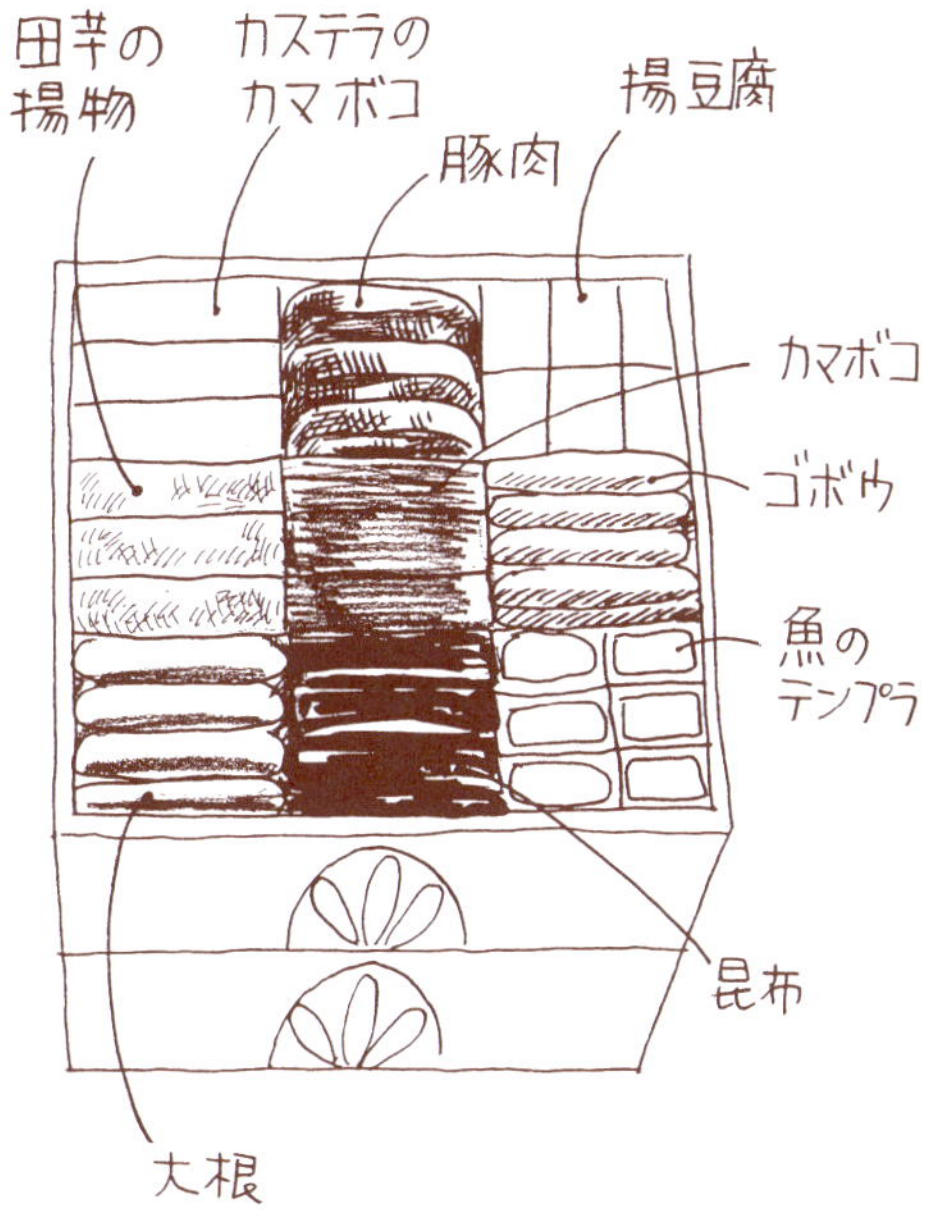

【手順】

はじめにその家の御願を主に行う人が、墓の左（墓に向かって右）の土地の神に線香十二本をささげ、ウチカビを燃やし「私どものご先祖さまをこの地で安らかに眠らせていただきありがとうございます。これからも、この地で先祖が成仏できますようにお願いいたします」というようなことを祈ります。

それからお墓に線香十二本をあげ、参加者が各自三本をあげます。その後、直系の子孫の代表（男子）から順にウチカビを焼きます。燃やした後に、ご馳走を皆でいただき、歓談します。

コラム　ある嫁のつぶやき①

シーミーの頃は気候もさわやかだけど、天気がよいと暑すぎて大変なことも。最近は日よけのテント（ブルーシート）を張っているのでいいけど、風が強い日は大変。雨なんか降ったら拝みだけして、続きは家でゆっくり会食することも。

子供の頃は親戚が集まるので、従兄弟同士で遊んだり、お墓に上ったりして楽しい一日だった。「学事奨励会」をするところもあるそうだ。

普段お墓に行くことはないけど、この時期はどこも人がいっぱいいて、賑やかなのでちっとも怖くない。墓が集中しているところでは、駐車の車で道路が渋滞して大変。ピーク時の日曜日には、バスが迂回するところもあるぐらい。近くの公園の芝生の広場は、シーミー帰りの人たちでいっぱいだったりします。

最近ではシーミーの期間が延びる傾向にあって、ゴールデンウィークの頃まで行われているけど、あまり遅いと無縁墓に思われることもあるとか。

旧暦五月四日

▼ユッカヌヒー

この日、豊漁祈願、海上安全祈願のハーリーが各地の港町や漁村で盛大に行われます。

このユッカヌヒーは厄日であったのですが、その厄を払うために、子供たちにおもちゃを買ってあげたのが始まりといいます。昔は年に一度玩具市が立ち、張子のウッチリクブサー（起き上がりこぼし）やチンチン馬グヮーなどが並んだそうです。家では、ポーポーやチンビンを焼いてもらった最良の日だったそう。今で言う「子どもの日」ですね。

ヒヌカン

トートーメー

【お供え物】

ポーポーやチンビンのお菓子　沖縄風クレープのような焼き菓子で、白味噌をまいたのがポーポー、生地に黒砂糖を練りこんだのがチンビンで、日常のおやつとして売られています。粉がブレンドされ、手軽に作れる「チンビンミックス」も市販されています。

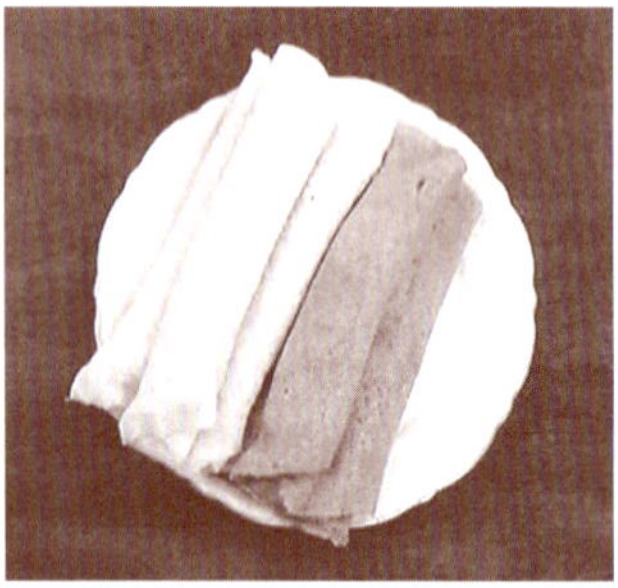

ポーポーとチンビン

コラム

ハーリーのいいつたえ

楚の国の政治家・屈原が政友の裏切りにあい、国の行方を嘆き海に身を投じた。謀略に気づいた国王は、民に「最初に屈原を救ったものに褒美をとらす」とまで命じたが、時すでに遅く彼はこの世のものではなかった。あわれんだ国王は、毎年、命日に屈原の魂を慰めるために爬竜船を浮かべるようになったのが中国におけるハーリーの由来である。

沖縄では琉球王朝時代、中国からの使者を歓迎するために龍潭池に爬竜船を浮かべて楽しんだなごりとか、竜は農耕に大切な雨をもたらせてくれるものと崇められ農繁期に入る季節に豊かな恵みを祈り、竜をかたどった爬竜船を浮かばせたなどの伝承がある。

ハーリーの爬竜船競漕（石垣市）

旧暦五月五日

▼グングヮチグニチ（五月五日）

本土にもある菖蒲《しょうぶ》の節句。沖縄では、アマガシを作り、菖蒲の葉をスプーン代わりにして食べました。そろそろ気温が上がり体調も壊しやすいことから、健康と安全を祈り、ヒヌカンや仏前に供えて、農作業の繁忙期に備えたといいます。

ヒヌカン

トートーメー

【お供え物】

アマガシ（小豆と押麦を黒砂糖で味付けたぜんざい風のお菓子）

【手　順】

ヒヌカン、仏壇にお供え物をし、線香をあげ、家族の健康を祈願します。

菖蒲の葉とアマガシは、口の中がさわやかになる絶妙なコンビ。
最近は缶詰も販売されています。

コラム

菖蒲《しょうぶ》のいいつたえ

菖蒲はその葉の形が剣に似ており、また、においが強いことから邪気払いの効果があるといわれています。男の子には、「尚武」（しょうぶ：武事を尊ぶこと）に通じるものとして、特に与えられたようです。

昔、奄美の島で鬼に追われた子供が「ここに隠れなさい」という声をたどり、声のする葉のしげみに隠れました。鬼がその葉の強烈なにおいでフラフラとなり、よろけたところで葉の先がささり、鬼は退散しました。その葉が菖蒲であったということです。

旧暦五月十五日頃

▼五月ウマチー（グングヮチ　ウマチー）

稲の初穂祭。収穫が始まった稲の初穂をお供えして豊作を願います。琉球王朝時代には、針仕事も畑仕事も禁止して、三日間は農作業もお休みで、ノロを中心に御嶽や殿《トゥン》で豊作と繁栄を祈ったそうです。現在でも、農村では、集落の行事として神人や区長さんらを中心に行われています。またムートゥヤーなどに門中が集まり、仏壇に日頃の感謝と健康御願などを行っています。

トートーメー

旧暦六月十五日頃

▼六月ウマチー（ルクグヮチ　ウマチー）

稲の収穫祭。稲の収穫を終えて豊作の感謝を表します。昔はこの日から山留・海留（海や山に入ったり、むやみに騒いだりすることを禁止した）が解けて、綱引きなど村の祭りが行なわれました。

今でもこの時期に綱引きを行う村々が多いです。

五月ウマチーと同じく、現在では一般家庭ではあまり行われていません。ムートゥヤーなどに出向き、お菓子や果物を供えます。

ヒヌカン

トートーメー

拝所や御嶽で注意したほうがいい事

御願所などで御願する時には、線香に火をつけずに白紙の上において「ヒジュルウコウ」で祈りをささげます。琉球王朝時代には、御嶽には今のような香炉はなく、石に四角に彫りこんだ香炉が使われていました。香炉には神が立つといわれますが、御嶽や拝所で、石が香炉とは気づかずに踏んでいる人を目にします。御嶽や拝所に行った際には足元によく注意しましょう。

旧暦六月二十五日

▼六月カシチー（ルクグヮチ　カシチー）

ヒヌカン

トートーメー

カシチーとは強飯（おこわ）のことで、この日は新米（ミーメー）でカシチーを作り、米の収穫を祝い感謝し、ヒヌカンや仏壇に供えます。豊作に感謝し、また、今年後半の健康と豊作と安全を祈ります。農作業も一段落を迎えたことで、村の行事として綱引きなどを行います。

カシチーは、八月にもシバサシと同じ日に行われます。六月のカシチーは白飯ですが、八月のカシチーは豆も取れる頃なので、赤カシチー（赤飯）です。ミーメーという新米を祝う行事が別に行われているところもあります。

【お供え物】

カシチー（おこわ）、**線香**　十二本三本

【手　順】

ヒヌカンと、仏壇にカシチーを供え、線香を立てます。

旧暦七月七日

▼七夕

沖縄の七夕は、お盆の前に墓掃除をして、祖先にお盆が近いことを報告する日です。またかつては衣類の虫干しや洗骨をする日でもありました。本土の「織り姫彦星」の七夕伝説とはかなり違いますね。お墓掃除は、草刈りや木の伐採など、かなり大掛かりな作業をするところも多いです。七日が平日に当たる場合、時間を合わせて週末に墓掃除をする場合も多々あります。お寺などの納骨堂に遺骨を預けている場合も、拝みに行ってお盆のご報告をします。

ヒヌカン

トートーメー

【お供え物】

お花、線香　十二本三本

【手　順】

掃除が終わったら、お線香をあげ、「もうすぐお盆です。お盆のウンケーの日には家にいらしてください」と案内の拝みをします。

旧暦七月十三日〜十五日（十六日）

▼お盆（シチグヮチ）

お盆は、それぞれの家にウヤファーフジが戻ってきて、子孫ら家族と共に過ごすという祖先供養の行事です。

旧の七月十三日（ウンケー　お迎え）から十五日（ウークイ　お送り）までの地域と十六日までの地域とがあります（十四日と十五日だけという所もあります）。

また盆期間中には、沖縄ではエイサー、八重山ではアンガマが行われます。綱引きや獅子舞が行われるところもあり、「盆・正月」と言われるように、正月に並ぶ大きな行事で、市場や店も旧盆セールで賑わいをみせます。

エイサー（勝連町）

トートーメー

十三日　ウンケー（精霊迎え）

祖先をグソーからお迎えする日です。お迎えするのは夕方ですが、午前中に、部屋や仏壇の掃除を済ませておきます。香炉の灰も燃えかすが残っている場合は取り除き、きれいにします。花や提灯など仏壇の飾りつけをします。

【お供え物】

花、お茶、お酒、ロウソク、線香、ウチカビ

果物類

すいか、バナナ、みかん、りんごなどの果物。すいかは、他の果物とは離して上段に置きます。他の果物は三方に盛り、両脇に置いてください。

提灯

グーサンウージ

グーサンとは杖のこと。これはグソーに帰るときにご先祖が転ばないためです。さとうきびを人の杖に丁度いい位に長さをとります。この時期、市場などで売っています。

位牌
花瓶
花瓶
お茶
お酒
水
お茶
西瓜
西瓜
グーサンウージ
ローソク
ローソク
グーサンウージ
果物
御香炉(ウコール)
果物
お膳

お盆のお供え物

しょうが

葉付きのもの。ウンケージューシーに一部葉を使用します。においがきついことから邪気を追い払うとされ、ご先祖と一緒に入ってきた無縁仏や餓鬼を払うといわれています。

ガンシナ

ガンシナとは荷を頭に載せて運ぶときなどに使用する、ワラなどを輪の形にした敷物。供え物のすいかやパイナップルの安定のために使用します。またウヤファーフジのおみやげの運搬用に小さなガンシナを三つたばねたものを供えるところもあり、市場などで売られています。

ミンヌク

さとうきびや田芋やかまぼこを四角く小さく切ったものを別の器に盛り、仏壇の下に置いておきます。これは餓鬼や無縁仏用だとされています。

※仏壇の下の片隅には水を張ったボールを置く場合もあります。「霊はきれい好きで、霊界からの道中、足が汚れるのを気にして家に入りにくい」といわれ、歓迎の意味と慰労の意味を込めた足洗い用の水だそうです。

【ウンケーの供え物】

ウンケージューシー、酢の物などの夕食

十三日の夕食は、大体の家では、ウンケージューシー（沖縄風炊き込みご飯）ときゅうりや大根のナマシグヮー（酢の物）をつくりお供えします。

仏壇に供える際は、ソーロー箸と一緒に供えます。ソーロー箸は、精霊が使うといわれる箸でメドハギで作ったものです（七人分十四本）。メドハギは、市場などで売っています。お箸の長さに揃えておきます。

お盆の間は生きている人と同じように仏壇にも三度の食事を出します。その度に必ず線香を立てます。たとえば「夕食です。ウンケージューシーを作りました。心をこめて作りました。子や孫らと楽しく召し上がってください」というような感じでお祈りします。片付けるときにも同じように線香を立ててから下げます。

お盆の間の注意

祖先が仏壇にいらっしゃる間、灯（提灯）は絶やさないようにしましょう。また、盆の間は、餓鬼や無縁仏がうろついているので、外灯なども早めにつけ、家は明るくしておいたほうがいいとされます。

【ウンケーの手順】

夕刻までに供え物の準備を済ませ、お客さんをおもてなしするような気持ちでお迎えします。外灯があれば点けて、なるべく明るくします。また足元を照らすために懐中電灯を準備しておくのもいいでしょう。

1、家の主と家族は、門前や玄関でロウソクを灯し、家主が線香十二本三本（十五本）をつけて、みんなで外に向かって手を合わせて、次のような手順でお迎えします。

2、家の主が「住所と姓」を言い、「今日は、□年の七月十三日、旧の盆の入りです。□家のご先祖様を、この門からお迎えいたしますので、どうぞおいでください」と、ご先祖を迎えます。

3、供えている線香を持って家の中に入り（足元を照らす）、仏壇の香炉に立てます。（線香は、玄関や門に置く場合もありますが、その煙を追って無縁者が入ってくるとも考えられるので、なるべくは先祖を線香にのせたつもりで、香炉にお連れしたほうがいいようです）

これで、お仏壇に三日間、ご先祖様たちが滞在することになります。

盆の間も正月同様に、親戚の家にお中元をもってあいさつに廻ります。地域によっても異なりますが、他家への線香は、三本が基本です。

コラム 先祖を敬う心

「御香（ウコウ）どぅ　孝行」（線香をあげてこそ孝行）という言葉があります。その気持ちをもっていれば、子どもたちも真似をして親を大事にするようになり、先祖を敬う心は受け継がれていくようです。お盆の時に、みんなが集まってウヤファーフジ（ご先祖様）の話をすると供養になります。ただし悪口はだめ。お盆だけじゃなく、昔から「イフェヌメエ（位牌の前）では、ため息とかお金の話をしてはいけない」と言われています。先祖に心配かけないようにして、先祖の成仏を願います。手を合わせる時には、たくさんの先祖が見ていると思って「いつも見守っててありがとうねえ。これからも、がんばって子々孫々まで栄えるようにするからねえ」という気持ちで拝みましょう。きっとご先祖様も立派になったねって、見守っていることでしょう。

MEMO

七月十四日　ナカビ（中日）

仏壇に三度の食事を供えますが、献立は家庭により異なります。でもナカビ（中日）には、冷やソーメンを供える家庭が多いようです。

親戚や知り合いがお中元を持って廻っていらしたら、その方々にお線香を上げてもらい、冷やソーメンやお茶菓子を出します。年に一、二度しか会わない親戚の方とも顔を合わす機会であり、年配の方が話の中心となって、昔話や近況報告で話がはずみます。どういう関係か分からない親戚との会話の相手をしないといけないのも、お盆の醍醐味です。

【お供え物】〈献立例〉

朝食

味噌汁（むじ汁や豆腐の味噌汁）

ごはん（おかゆのところもある）

ナマシグヮ（きゅうりの酢の物など）

昼食

冷やソーメン

おやつとして、白玉だんご

夕食

ごはん、汁物、ナマシグヮ、煮付け（豚肉や豆腐、大根、昆布など）

コラム お中元

本土ではお中元は新暦七月十五日前後に贈答されます。沖縄のお中元は旧暦七月十五日の旧盆の時に贈答され、しかも、基本的に配送ではなく直接親戚廻りをして手渡しします。廻る親戚の数は家庭によりさまざま。ムートゥヤーにはお中元もワンランクいいものを持っていったり、何にしようか結構悩んだりします。お中元の定番というと、軽いもので「しいたけ」や「のり」「かつおぶし」、実用的な「お米」や「油」、「洗剤」「缶詰め詰め合わせ」、最近は「ジュース」や「ゼリー」などいろいろ。昔は線香やソーメンに決まっていたといいます。そういえばカルピス全盛時代やせっけん類が多かった時代も。お中元も時代とともに変化しているようです。

七月十五日　ウークイ（精霊送り）

いよいよお盆の最終日。ハイライトともいえる「ウークイ」です。お盆にいらしていたご先祖様をお送りする日です。

この日も、三度の食事を出しますが（内容は中日と同じような感じです）、夕食は、重箱料理や大皿に豚肉、かまぼこ、てんぷら、カステラかまぼこ、こんにゃく、昆布、ごぼう、餅などをお供えします。

この日は親族一同集まり、ウークイをするまで歓談します。ウークイが、夜遅くに行われることが多いのは、早々にお帰りいただくのは、先祖に失礼だという思いからです。

【ウークイの手順】

ウークイの方法もまた家庭や地域により違いがあります。手順の一例を次に記します。

1、ビンシーとウチカビ、ウチカビを燃やす金属性のボウル、銀紙（アルミホイル）、火箸を準備する。ボウルには銀紙を敷いておく。

2、仏壇の前に親族一同集まる。

3、代表者が線香を十二本三本を供えて、子や孫はそれぞれ三本を自分自身からという意味を込めて供えます。

4、全員で仏壇に手を合わせて、「今年の盆も終わりです。子や孫らと楽しくすごしていただいてありがとうございました。あの世にお帰りになりましても、どうぞ、この□家の家や子や孫をお守り下さい。土産にごちそうやウチカビを準備しましたので一緒にお持ち帰り下さい。極楽へお送りいたします。また、来年おいで下さい」と、ウートートーします。

5、しばらく線香を焚き、その間に供えている肉や餅をひとつずつひっくり返します。

6、ボウルなどの容器に主人が参加者全員分のウチカビを焼きます。ウチカビが燃えたら、おみやげの意味でウサンミと餅を少しちぎったものを、燃えているウチカビの上に置き、その上

に仏壇に供えられていた酒とお茶を注ぎます。

7、最後に主人が仏壇に飾ってある花やソーロー箸、香炉の燃えかけの線香をボウルに入れ、「みやげもの」とします。ボウルの中身を銀紙やクワズイモの葉で包む場合もあります。

8、これら「みやげもの」を持って門前へ移動し、「また、来年おいで下さい」と手を合わせて見送り、「みやげもの」は門前に置いておきます。

9、仏壇の飾りものはすみやかに片付け、果物、提灯も下ろします。仏壇には、新しくウチャトウし、花器には花ではなくチャーギなどの葉を活けます。

※最近はホームセンターなどで「ウチカビセット」と称して、網の敷かれたボールや菜箸などがセットで売られています。畳が焼けないように足つきもあります。これは便利やいびーん。

Q ウチカビは何枚焼いたらいいの?

A 家庭により異なるようですが、家族の人数分を焼くのが一般的なようです。

コラム

ある嫁のつぶやき②

毎年夏になると「今年のお盆はいつ?」という会話が、沖縄の巷では交わされる。旧暦の七月十三日（ウンケー）が、新暦の何日になるかで、仕事の休みがいつになるか決まるし、そこからまた嫁の怒濤の三日間が始まるのである。だいたい八月の夏休みの頃だけど、時には九月に食い込むこともあるし、そうなるとまた大変だ。いずれにせよ、お盆は待ってはくれないのです。仏壇がある家は、供え物やもてなしの料理の準備で大忙しだし、ない家でもお中元を持って親戚廻りであちこちの家を訪問するところもあり、やはりパタパターする。いつもは閑静な住宅街も車で混雑する。

旧盆間近になると、グッとブルーになる嫁が多いことを、世間は知っているかしら。「旧盆ブルー」は、台所で延々と天ぷらを揚げていたり、次から次へと来るお客さんの対応で家から一歩も出れないのに、誰も全然手伝ってくれない。不足した肉やカマボコを求めて市場をあちこちダッシュすることも……。

でも、ウークイが終わり、最後の線香が明々と燃えて花がさいたようになると、顔も知らないけれど、きっとこれは、この家の遠い祖先たちが「ありがとうねー、今年も、あんたのおかげでじょうとーなシチグヮチだったさー。来年もゆたしくやー」と何故かうちなーやまとぐちで感謝しているに違いないと思ったりして、それまでの旧盆ブルーが消えて、「また一年が始まる……」とがんばったりするのです。

旧暦八月八日

▼トーカチ（米寿）

旧暦八月八日に行う、数え年八十八歳のお祝い。昔の平均寿命は今より短くて、八十八歳ともなると長寿ということで大きくお祝いしました。全国的に米寿の祝いとして行われています。

「トーカチ」という名前は、沖縄では、こんもり盛った米の山に「斗かき」という竹を斜めに切った竹筒を挿し、祝いに来てくれた客に土産として渡したことに由来します。

現在では、長寿の祝いとして、また子孫の孝行心をあらわす行事となっています。

ヒヌカンや仏壇には線香をあげ、長寿のお礼と子孫の繁栄を願います。

ご馳走は、トゥシビー（生年祝い）に使われるクワッチーに準じます。

ヒヌカン

トートーメー

米の山に「斗かき」

旧暦八月八日〜十一日頃

▼ヨーカビー（妖怪日）

厄払いの行事。昔は、お盆であの世の蓋《ふた》があいたとき、悪霊もまぎれて出てくるとされ、旧暦の八月は、妖怪や悪霊が出没する月と言われていました。

この時期、夜には火の玉（タマガイ）が出ると信じられ、この火の玉が見えると村から火事や死人が出るとされ、ヨーカビーの期間に、交代で高台から見張り役を立てたといいます。そして子供たちは、悪霊退散の爆竹を鳴らし、火の玉が出た家は、お祓《はら》いの儀式をやったそうです。

現在ではあまり行われていませんが、ヨーカビーには夜、出歩かないように。

旧暦八月十日頃

▼屋敷の御願・シバサシ

八月は下半期の屋敷の御願をします。屋敷の神へのお礼と家族の繁栄と安全、そして「周りと円滑な生活を送れるように」と祈ります。屋敷の御願で準備するものは二月や十二月と同じです。魔よけのゲーンを土地の四隅、門、井戸、駐車場などにさし込むシバサシ（柴差し）の厄払いの行事も行います。ゲーンとは、ススキの葉を三本束ねて右まわりに結んだもの。桑の葉にも呪力があるといわれて、ススキと一緒に結びます。二重のパワーで効果アップしたのが、シバサシ用のゲーンです。また、この頃は、新米と小豆が取れることから、赤飯（カシチー）を作りヒヌカンや仏壇に供えます。

住んでいる家がアパートや貸家など自分の土地でない場合は、屋敷の四隅の御願は必要ありません。家のヒヌカンとトゥファシラ（玄関やベランダに面する入口）、トイレを拝みましょう。（84頁参照）

八月の屋敷の御願の後は、家の四隅にゲーンを挿します（シバサシ）。

【お供え物】

白紙　三組を八セット＋トイレの数分（36頁参照）

線香　十二本三本三組を八セット＋トイレの数分

内訳｛四隅とヒヌカン、門（右、左、中央）
　　　トイレの数分

果物　みかん、バナナ、りんごなど

ウチャヌク

ビンシー（酒、水、塩、米）

ゲーン（ススキと桑）作り方は123頁参照。

ゲーンより小さいのがサンで、サンは、餓鬼（無縁の亡者）に食べられないように弁当の上に置いたり、食べ物を持って外に出る時に入れたり、夢見が悪いときに枕元に置いたりと、極小サイズから五十センチ程のサイズまでいろいろです。通常、悪霊退散用の太刀として使う大きいサイズをゲーンと呼ぶようです。世界共通の魔よけ（アメリカのハロウィンでもススキを使う）です。

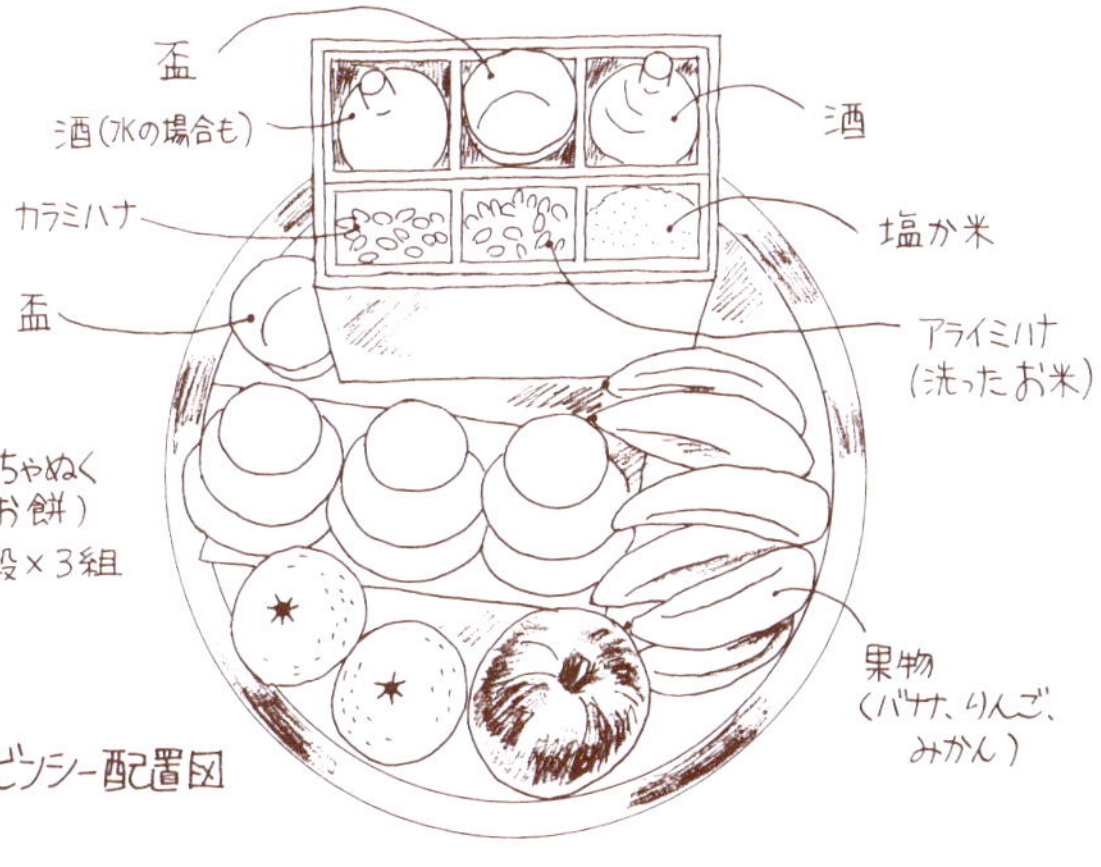

ビンシー配置図

【手順とグイス】

準備したものをひとつの盆に盛り、ヒヌカンから拝みを始めます。

線香に火をつけて、挨拶として次のような御願をします。

屋敷の御願〈例〉

サリ、アートートー、ウートートートー

住所と干支と名前を告げる

今日のよい日に屋敷の拝みをいたします。十二本三本の線香と洗い清めたお米とお酒、お塩をお供えいたしまして□家の男と妻の□のお願いを申し上げます。天の神様、地の神様、北の神様、東の神様、南の神様、西の神様、ご門の神様、床の神様、中央の神様、便所の神様、この家屋敷をお守りくださいましてありがとうございます。どうぞ、これからも、この家屋敷に魔物、病魔、他人の災いが来ませんようにお守りくださり、地神からたくさんの徳がありますよう今年下半期、神々の光でこの屋敷をお守りください。言葉の不足や失礼は未熟者ですのでお見逃しください。

続いて、次の順序で御願し廻ります。その都度、御願セットを持ち歩きます。

①北　②東　③南　④西　⑤門　⑥トイレ（80頁の「屋敷の御願」参照）

ゲーン（サン）の作り方

①ススキの葉三本をそろえる。

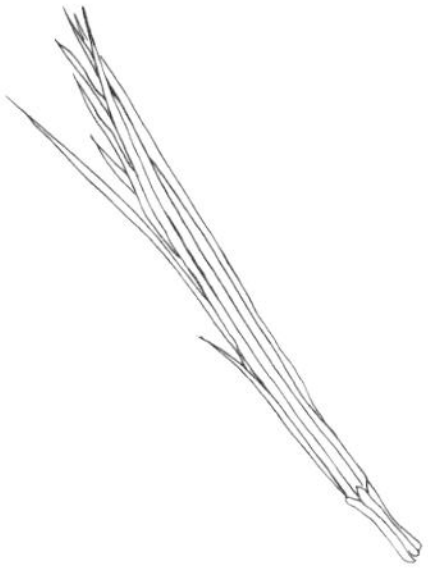

②葉先を四分の一程の長さで折る。

③折った葉先をひねりながら輪をひろげる。

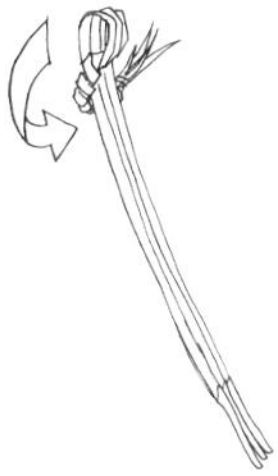

④残った葉先で小さな輪を作り③で作った輪に通す。

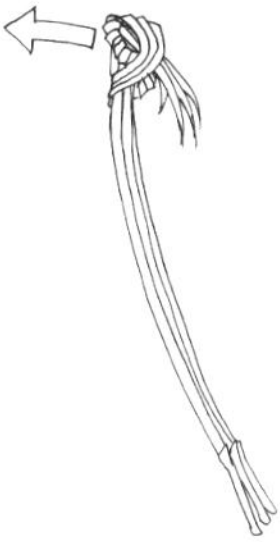

⑤完成

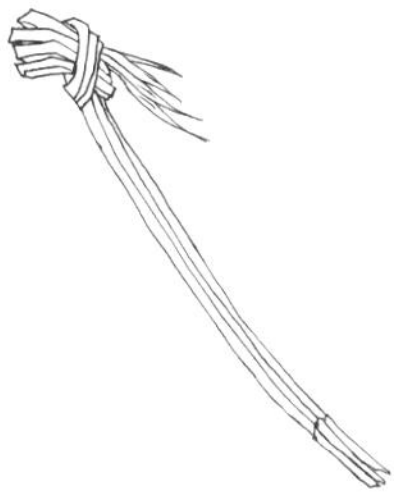

※最近都会ではススキを見つけるのもひと苦労だけど、空き地などにはよく生えています。
　サンを作るとき、葉のふちで手を切らないように注意してね。ススキじゃなくてハーブのレモングラスで作ってもさわやかな香りでグッドです。

旧暦八月十五日

▼十五夜（ジューグヤ）

いわゆる中秋の名月で、沖縄では、月見団子ならぬ、「フチャギ」という小豆をまぶした餅をヒヌカンや仏前に供えて、家族の上半期の健康や仕事の成功の感謝をささげます。フチャギ一つで紅白、また、満月とそのまわりの星々をあらわし、五穀豊穣を意味するといいます。

豊年満作の祝い事でもあり、獅子舞、棒術、狂言、などの盛大な村アシビや綱引が行われる村もあります。山原などでは、ウシデークという女性だけの神事舞踊も行われます。

ススキの穂にはまだ早い時期ですが、花屋などでは売られています。

ヒヌカン

トートーメー

【お供え物】

線香　十二本三本

フチャギ

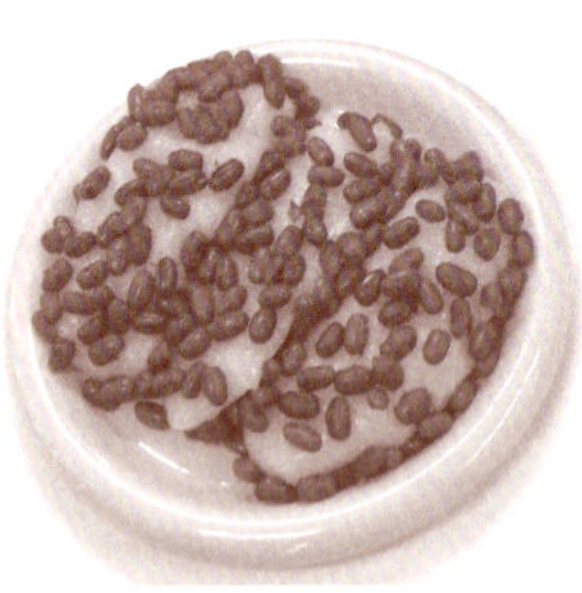
フチャギ

コラム　フチャギのいいつたえ

昔、三人の男が月夜の道を歩いていると、真ん中の男の頭部の影が映っていない。驚いて巫者に見てもらうと死相が出ていた。一番大切なものを殺せば助かると言われ、家にたどりついて家畜を殺そうとしたが果たせず、室内に入ったところ、妻とその間男をみつけて、思わず手討ちにした。フチャギの小豆は、その時についた返り血をあらわしているという。

新暦九月二十三日頃

▼彼岸

祖先供養のまつり。彼岸の中日をはさんで前後三日の七日以内に仏壇にごちそうを供え、祖先供養、家族の災害除去、健康祈願を行います。八月の彼岸は屋敷の御願で家屋敷を清めてから行いましょう。

お供え物や手順は新暦三月のお彼岸と同じです。(89頁参照)

ヒヌカン

トートーメー

旧暦九月七日

▼カジマヤー

カジマヤーとは、風車のことで、数え年九十七歳のトゥシビーのお祝いです。カジマヤーは一月のトゥシビー（生年祝い）とは別に九月に行われます。祝いの座には風車を飾り、また本人に持たせて祝います。

カジマヤーと呼ばれるのは、天の神に守られ子供のように純粋になって童心に戻っているからと考えられます。人生とは、風車のようにクルクル回り、たくさんの人との出会い、別れを経験するものであり、風車がこれまでの人生を表しているとも言えます。

九十七歳の長寿にあやかろうと、子や孫、親戚、近所の人が集まり、実に盛大な祝いが行われます。最近は、風車で飾り付けられたオープンカーで「花のカジマヤー」の曲を流し近隣をパレードします。風車で飾られた七辻、七橋を通るのがしきたりで、一度通った道は通りません。

家では、大盆に米を盛り、風車を挿し、傍に酒と盃、酢昆布を準備します。来賓は、順次「アヤカラチキミソーリ」と盃を受け、風車と酢昆布をみやげとしてもらいます。以前は塩漬けのヤマモ

ヒヌカン

トートーメー

モと豆腐を小さく切って焼いたもの（ルクジュウ）が二片、縁起ものとして出されていました。

米を大盛りにして風車を挿す

風車で飾りつけられた車で道ジュネーする

9月

旧暦九月九日

▼菊酒

健康祈願の「重陽」の節句です。「重陽」とは、陽の数字が重なることで、奇数である九という数字は陽の数で、九が重なる「重九」は、長久に繋がるということから、特に首里では重んじられていいます。菊酒は、菊の葉三枚を酒杯に浮かべてヒヌカン、仏壇にお供えします。特に決まった料理はありません。菊酒行事は、家の繁栄と安全の御願といわれます。

また同じ日に、神拝みが行われる地域があります。先祖にゆかりのある御嶽や拝所、井戸を参拝して、自らのルーツを知り、先祖を見守ってきた神々へのお礼をします。

【お供え物】

お酒、菊の葉　三枚

線香　十二本三本

【手順とグイス】

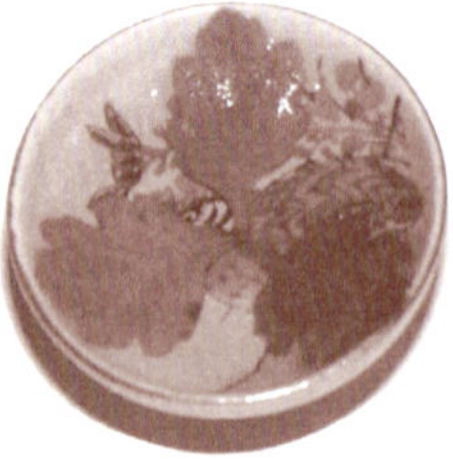

菊酒

酒を入れた盃に菊の葉を三枚うかべます。次のように御願してから、お酒をいただきます。子どもにはウビナディ（額にお酒を中指でチョンとつける）をします。

サリ、アートートー、ウートートートー

住所と干支と名前を告げる

今日は菊酒の日です。香り高い菊の葉をお供えし、□家の家族の健康と繁栄を祈願いたします。九月九日の菊酒の拝みでございます。

サリ、アートートー、ウートートートー

コラム　菊酒のいいつたえ

昔、田舎から学問を学びにきた男がいました。まじめな人柄で先生方からの信頼も厚く、ずっと町に残らないかと誘われていました。そんな時、占いをしてもらい、占い師に「君の村で大災害が起こる予兆がある。家族に菊酒を飲ませて家族と山に逃げなさい」とアドバイスされました。村に戻り、いわれるまま菊酒を飲み山に登ったところ、村は家も家畜もすべて水に流されましたが、その男の家族は生き残ったといいます。菊酒は、邪気よけに効くとされ、また家族を救ったことから家族の繁栄と安泰を成就させるといわれます。

旧暦十月一日

▼カママーイ（竈まわり）

「アチハティ　ジュウグヮチ」（飽き果てる十月）と言われ、ヒヌカンや仏壇行事はあまりありません。十月は、いわゆる「神無月」（かんなづき）で、沖縄の神様もお出かけ中ですが、「留守番の神」が残っていると言われています。

カママーイは、「竈《かま》まわり」のことで、火事が起こらないようにと、集落で火の用心を呼びかけ、村の代表が各家の竈をチェックする日でした。また、もし、火事が起こっても延焼が少ないようにと村の各家や落ち葉が溜まっている御嶽を掃除して、神人は防火の拝み「ヒーマーチ拝み」をしました。

日頃、家を守っているヒヌカンが留守なので、人間同士助け合わなければならない月とも言われています。近隣のコミュニティの大切さが問われる今、カママーイの行事は見直されてほしいものです。

干支について

十干十二支《じっかんじゅうにし》という言葉をよく耳にしますが、十二支（子・丑・寅・卯・辰・巳・午・未・申・酉・戌・亥）はよく知っていても、十干を言える人は少ないのではないでしょうか。

十干

陰	陽
乙 きのと	甲 きのえ
丁 ひのと	丙 ひのえ
己 つちのと	戊 つちのえ
辛 かのと	庚 かのえ
癸 みずのと	壬 みずのえ

十干はこのように陽（兄：え）と陰（弟：と）の五行に分けられ、十二支と組み合わせて使われます。十二支にも陽と陰があり、それぞれ陽と陽、陰と陰をあてていくと、十×十二ではなく、陰五×六と陽五×六となり六十年で一周、六十一年目に生まれ年に帰ります。このことを還暦（暦が還る）といいます。この十干と十二支を合わせて干支（かんし：えと）といいます。

読み方は、甲子（きのえ＋ね）、甲寅（きのえ＋とら）、丙午（ひのえ＋うま）などと呼びます。丙午（ひのえうま）生まれの女性は気が強いという迷信があって、丙午の年には出生率が低くなったこともありました。また甲子園球場は甲子（きのえね）の年に完成した事から名付けられました。

新暦十二月二十日頃

▼トゥンジー（冬至）

冬至は、二十四節気の一つで、もっとも夜が長い日です。このころ沖縄ではちょうど一番寒い頃で、特にこの日は例年寒くなり「トゥンジービーサ」と言われます。

家庭では、この日トゥンジージューシー（沖縄風炊き込みご飯）を作り、夕食時に、ヒヌカンや床の間、仏壇に供えます。

【お供え物】

トゥンジージューシー

線香　十二本三本

【手　順】

ヒヌカン、仏壇にトゥンジージューシーをお供えして健康を祈願します。

ジューシー

沖縄の気候を表す言葉

ニンガチカジマーイ（二月風回り） 旧暦の二月頃は風が強く海が荒れることが多く、風向きが急変し、時には突風を伴うことがある。

ウリズン 旧暦二、三月（新暦三、四月）の頃をいう言葉で、大地が潤い、麦の穂が出る時節で、でいごの花やテッポウユリの花が咲く季節。

スーマンボースー（小満芒種） 沖縄の梅雨は、五月中旬に入梅し、六月下旬に開ける。この梅雨の時期が二十四節気の小満と芒種の頃にあたることから梅雨を指す。

カーチベー（夏至南風） 梅雨明けの頃から六月末まで吹き続く南〜南西のやや強い季節風をいう。昔はこの風を利用して南方から沖縄、沖縄から本土へと帆船航海した。

ミーニシ（新北風） 九月中頃、台風一過の後、それまでの蒸し暑い南風にかわって、北風が吹くことがある。この北風を今年一番の北風ということでミーニシと呼ぶ。

トゥンジービーサ（冬至冷え） トゥンジー（冬至）の頃に、その頃の季節風の影響で寒さが厳しくなることを指す。

ムーチービーサ（鬼餅冷え） 旧暦十二月八日のムーチーの頃に冷え込みが増し、餅を包む月桃の葉を洗う水の冷たさと共に寒さが身にしみる。

旧暦十二月八日

▼ムーチー（鬼餅）

今年一年の厄を、魔よけに効果のあるカーサ（月桃）やクバ（ビロウ）で包んで蒸した餅（ムーチー）を食べることで厄払い、悪霊払いをします。月桃は強い匂いから邪気祓いに効くとされ、クバは神の宿る木とされています。蒸した後の汁も魔よけになるといわれて、裏戸や門に「鬼の足、焼こうねえ」とか「鬼の足だよ」「捨てるよう」などといい、アチコーコーの茹《ゆ》で汁をこぼします。

ヒヌカン

トートーメー

【お供え物】

ムーチー

線香　十二本三本

【手　順】

初めに出来たムーチーを、ヒヌカン、床の間、仏壇に供え、線香を立てて健康祈願と一年の感謝をします。

■サギムーチー：子供の健康を願い、子供の年の数だけ紐で結び壁や天井から下げます。
■チカラムーチー：長男には、特に大きなムーチーをクバで包み、家の安泰と健康を祈願します。
■ハチムーチー：子供が生まれて初めてのムーチーは、親戚や友人に内祝いとして配ります。生まれたばかりの赤ちゃんをたくさんの人の思いで守ってもらい、健やかに成長することを願います。

【ムーチーの作り方】

■材料

もち米粉　一キロ
黒砂糖あるいはザラメ・三温糖
月桃（サンニン）の葉（洗って乾かしておく）

1、もち米粉と砂糖、水を適量加えて混ぜ合わせます。扱いやすくなったらこねて粘りを出す。
2、よくこねて、耳たぶほどの硬さになったら、月桃の葉の裏に適量のせて包みます。
3、蒸し器から蒸気があがったら、重ならないように縦に餅を並べて20分ぐらい蒸します。
4、蒸しあがったらすぐに新聞紙などに広げて、うちわなどであおいで水分をとばします。

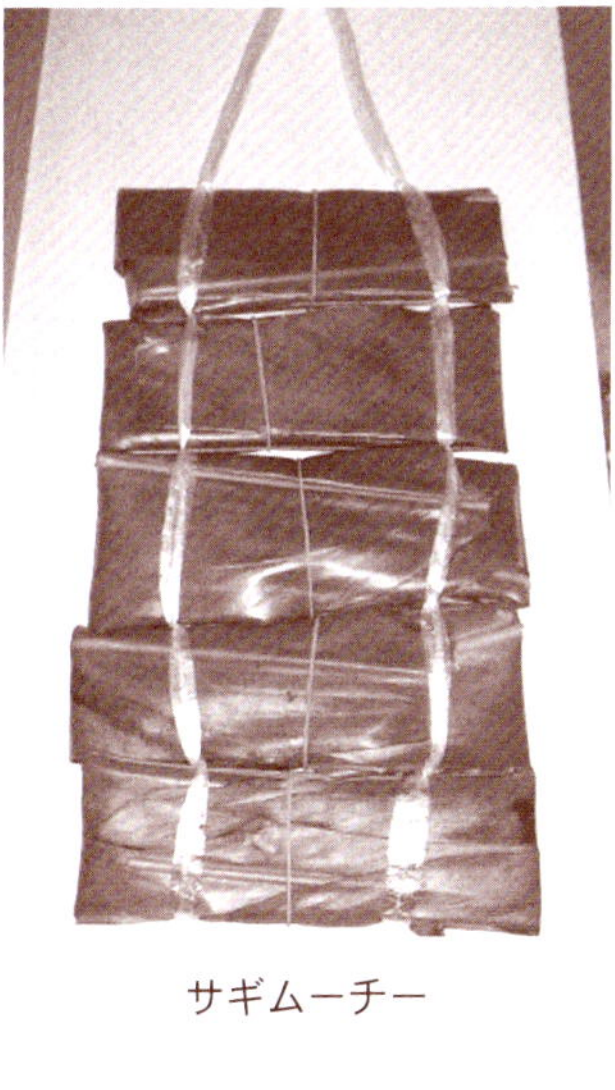
サギムーチー

12月

旧暦十二月二十四日頃までに

▼屋敷の御願（ヤシチヌウグヮン）

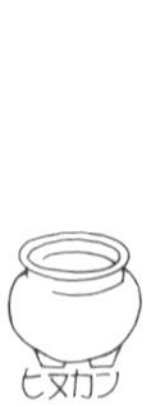
ヒヌカン

ウグヮンブトゥチ、ヒヌカンの昇天の前に十二月の屋敷の御願を行います。一年の集大成と考え、二月、八月の屋敷の御願を忘れた人も、この日は、無病息災、無事無難に過ごせたことを感謝しましょう。

【お供え物】

白紙　三組八セット+トイレの数分（36頁参照）

線香　十二本三本三組を八セット

内訳
- ヒヌカン分　一
- 四隅分　四
- 門の分　三
- トイレ分　トイレの数

果物　みかん、バナナ、りんごなど
ウチャヌク
酒
水、塩
アライミハナ　水で七回洗ったお米
カラミハナ　洗っていないお米
これらをお盆にのせて御願セットとして準備する。

十二月の屋敷の御願のグイス〈例〉

サリ、アートートー、ウートートートー

自己紹介の基本形を唱える

今日のよい日に屋敷の拝みをいたします。十二本三本の線香と洗い清めたお米とお酒、お塩をお供えいたしまして□家の男と妻□のお願いを申し上げます。天の神様、地の神様、北の神様、東の神様、南の神様、西の神様、ご門の神様、床の神様（中央の神様）、便所の神様、この家屋敷をお守りくださいましてありがとうございます。どうぞ、これからも、

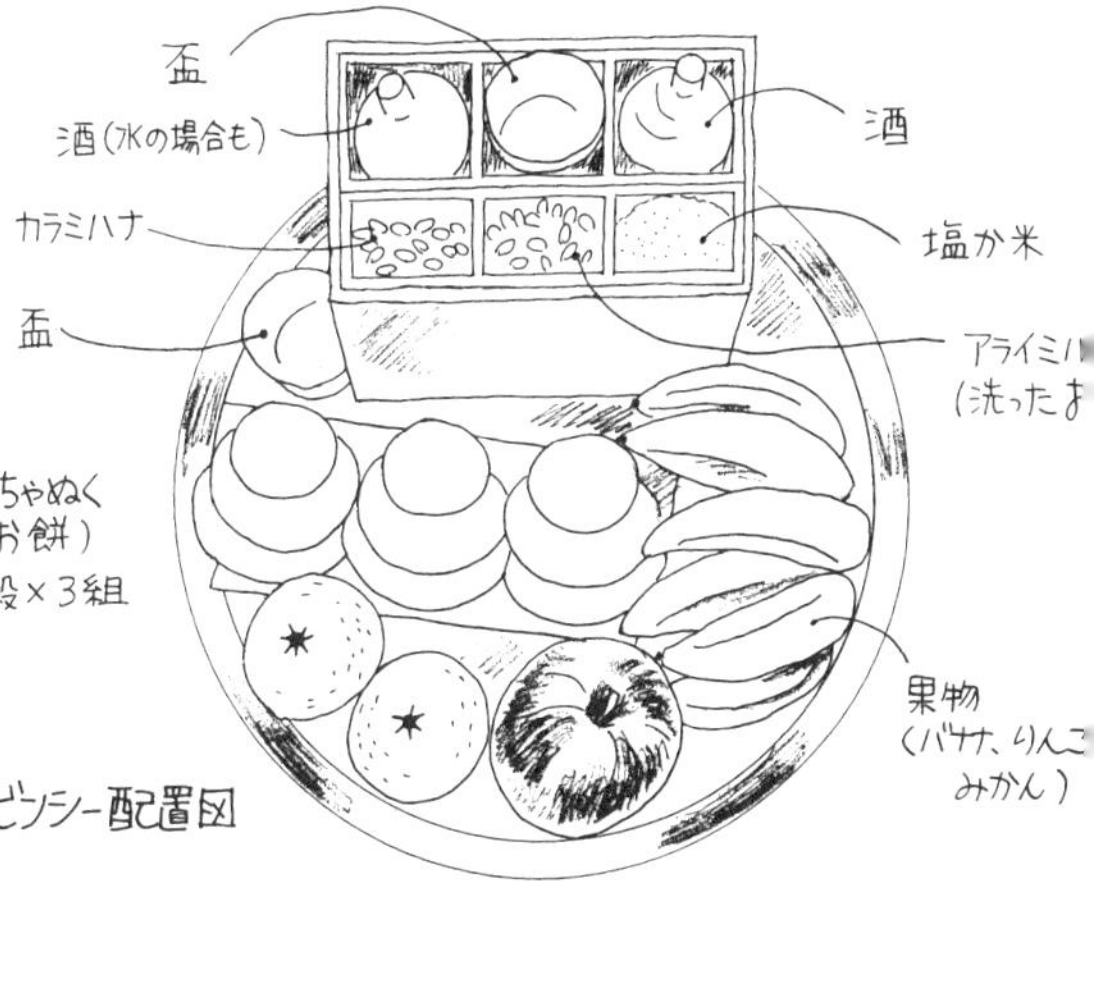

ピンシー配置図

この家屋敷に魔物、病魔、他人の災いが来ませんようにお守りくださり、神様からたくさんの徳がありますよう神々の光でこの家屋敷をお守りくださいませ。今年一年お守りくださいましてありがとうございます。おかげさまで家族揃い健康で無事に過ごしました。来る新しい年もよい年でありますようにお守りください。言葉の不足や失礼は未熟者ですのでお見逃しください。

サリ、アートートー、ウートートー

続いて、次の順序で廻り御願をします。その都度、御願セットを持ち歩きます。御願の手順は二月（80頁）、八月の屋敷の御願と同じです。

①北　②東　③南　④西　⑤門　⑥トイレ

屋敷の御願を行い、屋敷が清められた後で、ウグヮンブトゥチ、ヒヌカンの昇天を行います。

旧暦十二月二十四日

▼ウグヮンブトゥチ・ヒヌカンの昇天

ヒヌカンが天に帰り、各家庭で起こった一年間のできごとを報告する日です。

この日はまず、屋敷の御願を行い、ヒヌカンや屋敷神に一年の感謝をささげます。その後でウグヮンブトゥチ（御願解き）とヒヌカンの昇天を行います。ウグヮンブトゥチでは、この一年の成就した事や幸いな事に関しては感謝をし、不幸なできごとや災いに関してはそれが解消するように願い、ヒヌカンが天の神によい報告をしてもらうように祈ります。一年を振り返り、一年の感謝・反省を行います。普通御願は午前中に行いますがウグヮンブトゥチは夕方、日の入りの頃に行います。

ヒヌカンは、二十四日のこの日、天に戻り、その家庭の功罪を天の帝に報告するといわれています。ヒヌカンには、「良いことのみを天帝にご報告するよう、不足は、火の神様で補ってください。また、新しい年には、力を増してお帰り下さい」というようなことを拝みします。

家庭によっては十二月三十日（トゥシヌユール）に行うところもあります。

シディガフーとウグヮンブトゥチ

「シディガフー」とは、ウグヮンを立てたことに対して果報を与えてくださったことへのお礼のことで、果報や幸いがあった時に行います。十二月二十四日の「ウグヮンブトゥチ」の前には、一年間無事に過ごせたお礼に、その年にお世話になった神々の拝所や宮、寺を廻り感謝の祈りを行います。このことを「一年のシディガフー」といい、たとえば首里の十二ヵ所（79頁参照）に感謝の御願をする方もいます。

以前は、シディガフーやウグヮンブトゥチは別の日に行われていましたが、今では同じ二十四日に行われるようになり簡素化されました。

シディガフー、ウグヮンブトゥチも済ませ、きれいになったところで、いよいよヒヌカンの昇天が行われるわけです。

【お供え物】（一月のお迎えと同じ）

白紙　三枚重ねた白紙を四等分に切り離し、その内三組を使います。

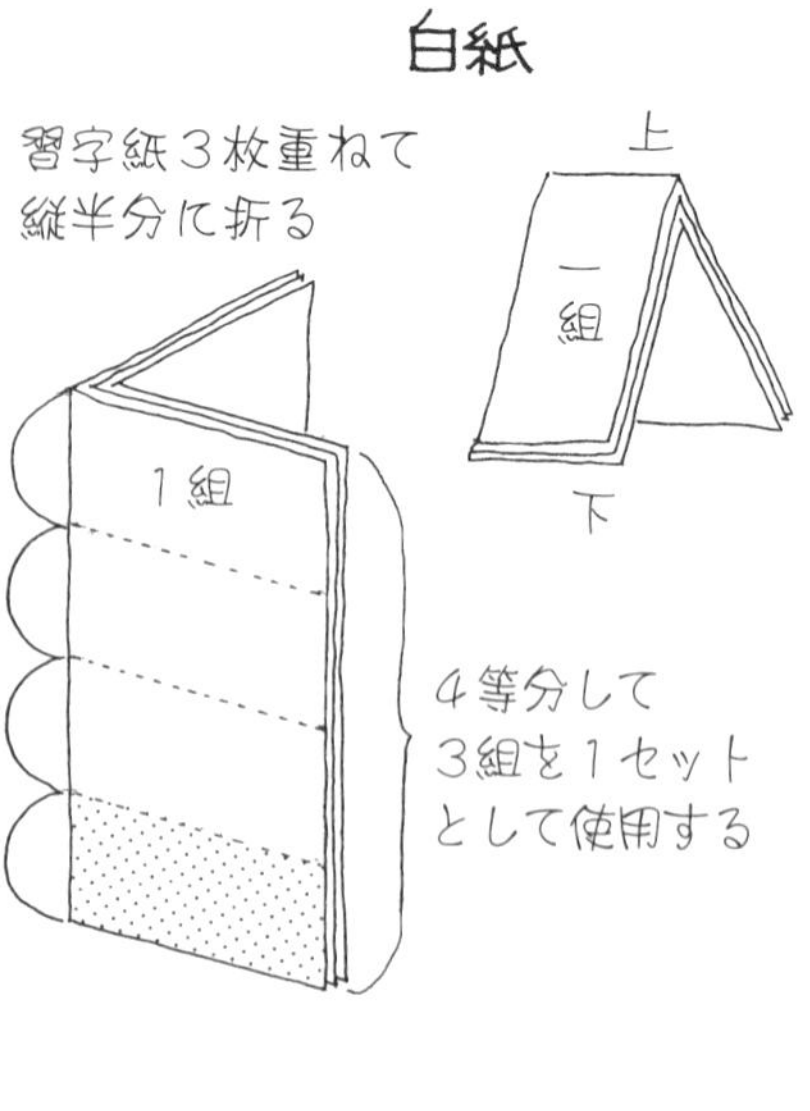
白紙
習字紙３枚重ねて
縦半分に折る
上
一組
下
１組
４等分して
３組を１セット
として使用する

線香　十二本三本を三組、三本を七組（次々に火をつけるので、あらかじめ準備して傍に置いておく）

※ビンシー（あるいは仮ビンシー）を準備する場合もあります。

【手　順】

1、まずウグヮンブトゥチをする前に、二月、八月と同様に屋敷の御願をし、屋敷内を清めます。

2、ヒヌカン周辺の掃除を済ませ、香炉の中の掃除もします。

3、初めにヒヌカンに十二本三本の線香を供えて、年頭でお願いしたことを下げ、今年一年無事にすごせたことへ感謝の祈りをします。三本線香を前の線香が消えない内に次々と七回供えます。（三本線香七組は行わない家庭もあります。70頁参照）

ウグヮンブトゥチのグイス〈例〉

サリ、アートートー、ウートートー

住所と干支と名前を告げる

今年（干支）年の感謝を心より申し上げます。年頭にあげました願いは神々のお力をいただき叶えていただきました。なにぶん未熟な者ですので失礼はあったと思いますが、この拝みで許してくださいますように。来年は今年以上に、家族のため、世の人のために力を注ぎます。清らかな米、水、酒をお供えし感謝申し上げます。

これから天へ七橋をかけさせていただきますので昇天されましたら、□家の家庭円満、一年中平和でよい家庭だったことを今日で全部ご報告してください。不足があれば火の神様で補ってください。また、年が明けましたら天より今年に勝って福の神、徳の神をお連れになってお戻りください。心よりお迎えいたします。

サリ、アートートー、ウートートー

ヒヌカン昇天の線香

3本ウコー×7

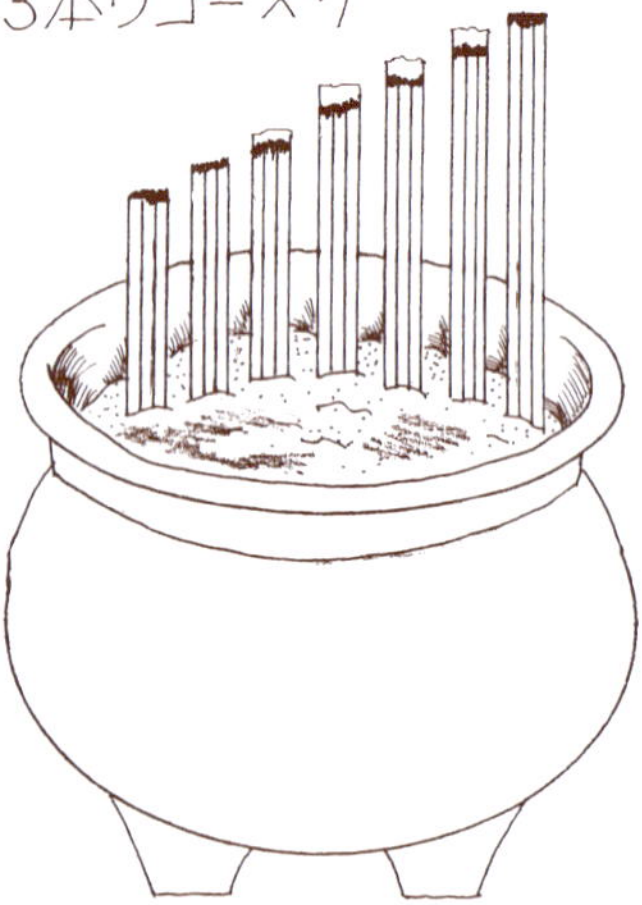

Q 十二月の「屋敷の御願」と「ウグヮンブトゥチ」、「ヒヌカンの昇天」は同じ日にやってよいか？　また何時頃やればいいか？

A ウグヮンブトゥチは、旧暦の十二月二十四日に行う家庭が多く、一年間、祈願したヒヌカンに感謝し、いったん祈願を下げてほどく御願だといわれています。お願いごとばかりを積み重ねていくのではなく、毎年ヒヌカンを「リセット」し、新年を迎える準備をするわけです。

以前は、旧暦の十二月のいい日を選んで屋敷の御願をして、二十四日にヒヌカンのウグヮンブトゥチを行っていましたが、現在は、屋敷の御願とウグヮンブトゥチの両方とも二十四日に行う家庭が多くなりました。午前中に屋敷を拝んでから夕方、ウグヮンブトゥチを行うようです。

たいていの御願は午前中に行うことが多いですが、ウグヮンブトゥチを行うのは夕方の陽のあるうち、沖縄で言う「アコークロー」の時間がいいと言われています。

旧暦十二月三十日・新暦十二月三十一日

▼トゥシヌユールー（年の夜）

ヒヌカン

トートーメー

大晦日の事を、「トゥシヌユールー」と言います。正月準備を整え、仏壇、ヒヌカンに今年一年の感謝をします。「豚正月」の沖縄は、トゥシヌユールーには豚肉の料理を食べました。例えば「ソーイリヨー」（賢くなりなさいよ）と願いをこめ、ソーキ骨の汁が出されました。

ヤマト風に、年越しそばとして沖縄そばが食べられるようになったのは復帰後のことですが、今ではすっかり定着しています。この日にウグヮンブトゥチ、ヒヌカンの昇天を行う家庭もあります。

【お供え物】

ソーキ汁など

線香　十二本三本

【手順】

仏壇にソーキ汁などを供えて、線香をあげます。

付録1　知っておきたい御願

はじめてのヒヌカン
魂込め（マブイグミ）の方法
引越しの時には

はじめてのヒヌカン

ヒヌカンシタティ（ヒヌカンの仕立て）

新居をかまえる時は、ヒヌカンを新しく仕立てなければなりません。ここではその方法を紹介します。

ヒヌカンは、普通は位牌と一緒に継承されますが、二男以下が分家する時は、親元から灰を分けてヒヌカンを新しく仕立てなければいけないとされてきましたが、最近は新しい灰で仕立てることが主流のようです。

ユタにお願いして、仕立ててもらう場合もあります。料金は、事前に相談する方がいいでしょう。

ここでは自分で行う場合の手順を紹介します。

※ユタに頼むと、近所のヒヌカンや御嶽に拝みをし、「ヒヌカンとつなぐ」という祈りをしてから、家のヒヌカンを祀ります。

仕立ての時期

旧盆や旧の十月頃（「神無月」といって神様が不在）、シーミー（清明祭）の時期は避け、なるべくなら旧の十二月二十四日（ウグヮンブトゥチの日）や旧七夕、ユンジチの日がいいといわれていますが、個々の事情を考えて行います。また、家主の生まれ年は、避けた方がいいでしょう。

場所

台所に据える。コンロの上か後ろなどの火の近くで、東や南に向いていると、なおよいでしょう。

準備するもの

ヒヌカンセット

（仏具屋でセット販売されている。）

※神御香炉（白）は、前日までに塩で清め洗って乾燥させておく。

白紙、**ウチカビ**、**赤飯**

ビンシー（仮ビンシーでも可）塩、酒、米

果物

ウチャヌク　三セット

赤まんじゅう　奇数個

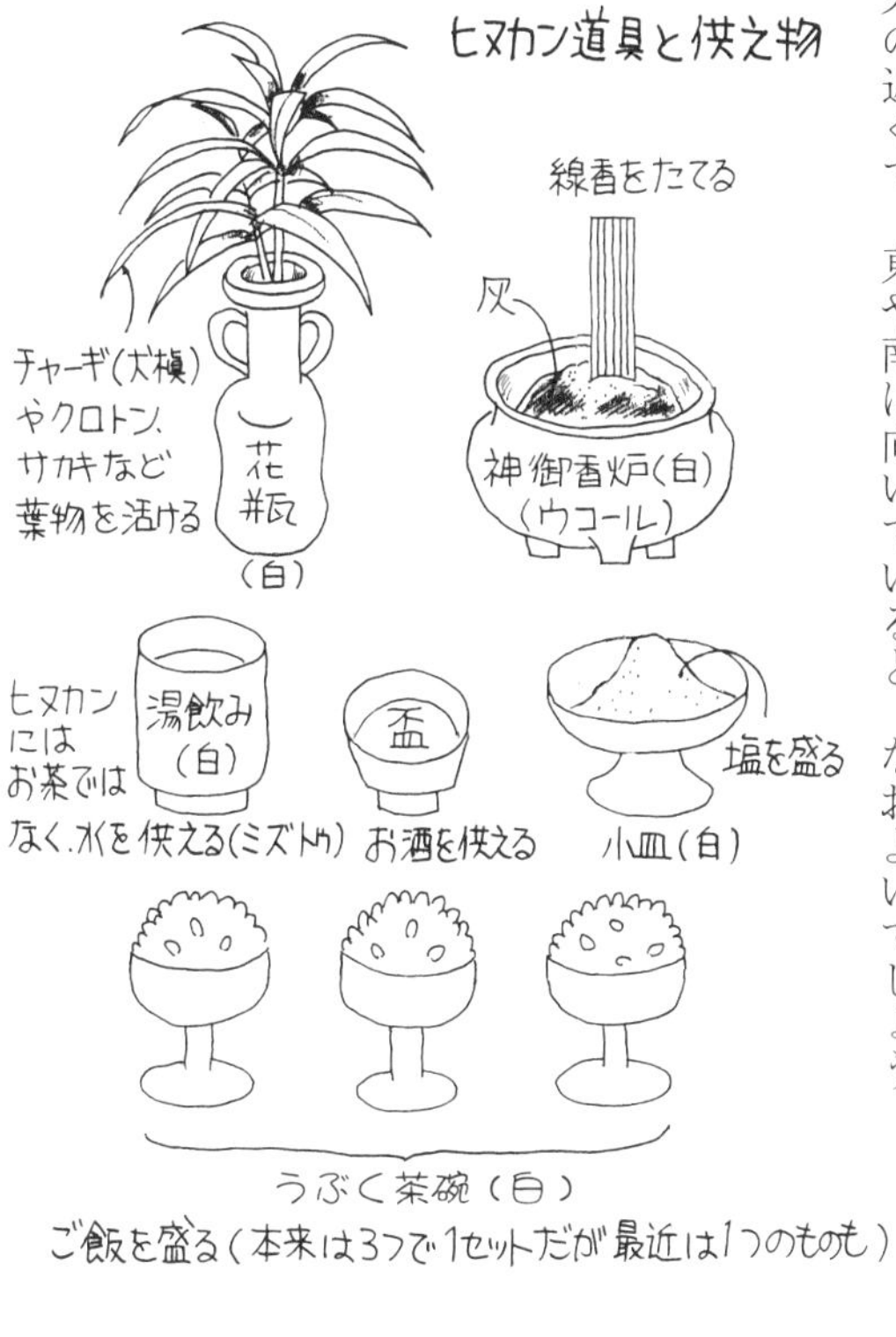

手順

1、ヒヌカンセットを据える場所に置き、お供え物をします。香炉に新しい灰、小皿に塩、湯飲みに水、盃に酒、花瓶にはチャーギやクロトンを活けます。ウブク茶碗三個に赤飯を盛り、白紙の上に置きます。

2、ヒヌカンに線香十二本を立て、これから実家に灰を分けてもらいに行く旨を報告します。

3、ビンシー（仮ビンシーでも可）と果物、ウチャヌク、赤まんじゅう、盃などをお盆に並べたものを持って、まず夫の実家へ行きます。

4、持参したお盆（ビンシーセット）を並べて線香十二本を立て、「新しく所帯を持ちヒヌカンを分家させますので、パートナーの家のヒヌカンさまと和合し、末代まで栄えお守りください」とお願いします。

5、香炉の灰をかき分けて、下の方からスプーンで三回すくい

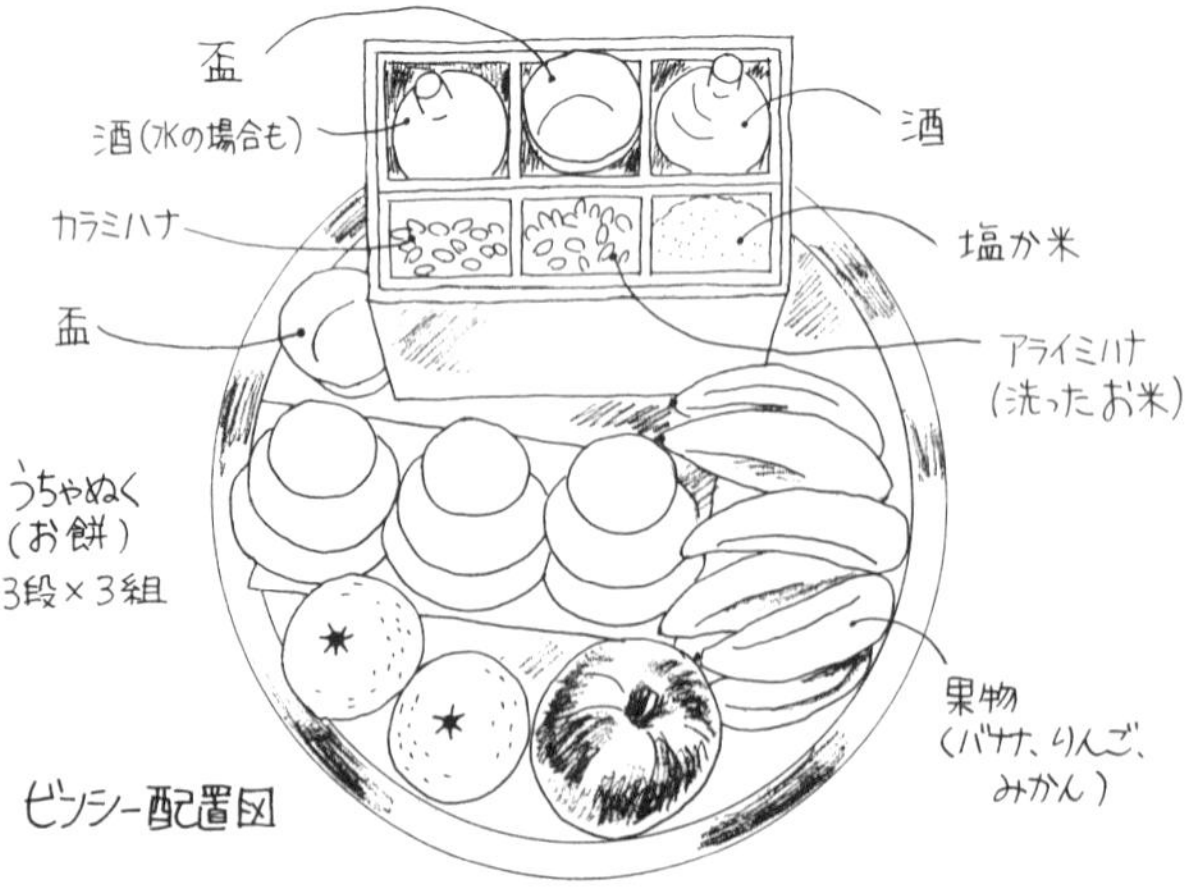

ビンシー配置図

「ヒヌカンシタティ」の時には赤まんじゅうをプラスする。

とります。灰は運びやすいようにビンやビニール袋にいれます。昔はクバの葉に包んでいたらしいです。

6、妻の実家で同じように分けてもらいます。

7、自分の家のヒヌカンの香炉に塩と米ともらってきた実家の灰を入れます、

8、お盆（ビンシーセット）をヒヌカンの前に置き、白紙を供え、線香は十二本の三組を香炉に横一列に並べます。玄関のドアを開け、神々とヒヌカンをつなぐためヒヌカンに祈りをささげます。まず住所、家族構成、生まれ年（干支）、その日の日付を言い、土地の神々、ウヤファーフジ、玄関の神、便所の神、天・地・竜宮・自然万物の神々と一体となりこの家が栄えますようにお守りくださいと拝みます。

9、次に、玄関にビンシーを移して、「お待たせしました。どうぞ、火の神様の準備ができましたので、この家にお入りになってヒヌカンと結び、この家を守ってください」という旨で御願をします。

10、その日はお祝いなので、家族が帰宅したら、祝い膳をするといいでしょう。

※実家にヒヌカンがない場合や新しい灰を使用する場合は、実家から灰をもらってくる手順（2〜6）を省略します。

マブイグミ（魂込め）

沖縄では、魂のことを「マブイ」と言い、驚いたりした瞬間、肉体から離れると考えられています。その場合、抜け落ちたマブイを体内に込めることを「マブイグミ」（魂込め）といいます。

「マブイは七つある」といわれており、ひとつでも抜けると、ボーと気が抜けた状態になったり、何をする気力もなく寝てばかりいるとか、熱を出したり、子供なら夜泣きをしたりするといいます。逆にそわそわし、怒りっぽくなったときも、マブイを落としているかもしれません。落としたマブイの種類で症状も違ってくるそうです。

大体、驚いた時や、とてもショックなことがあった時にマブイを落とすと言われています。世の中には、見えないところにもたくさんの危険が潜んでいます。事故に遭い怪我をするなどの大事《おおごと》で落とす場合から、猫が突然飛び出してきたぐらいのささいなことで落としてしまう場合もあります。

そんな時、大切なマブイを取り戻す術がマブイグミ（魂込め）です。マブイは、落としたら早めに取り戻さなければ、病気や不運続きになるといいます。明日でいいや、と先送りにしないことが肝心です。

【準備するもの】

ビンシー（あるいは仮ビンシー）酒、水、米、塩

マブイを落としたあたりで拾った小石　三個

※落とした場所がわからない時は、庭や近所で拾って代用する。

サン（作り方は123頁参照）

一口大のおにぎり　七個

魚汁

線香　十二本三本

寝巻き（その日着て寝るもの）

【手順】

マブイを落とした場所で、マブイグミを行います。

マブイを落としたところがわからない時には、トイレで

マブイグミの祈りをします。

1、準備したものを広げて次のように祈ります。

住所、子供なら両親の名前（干支）年のA（マブイを落とした人の名前）が、ここで驚くこと

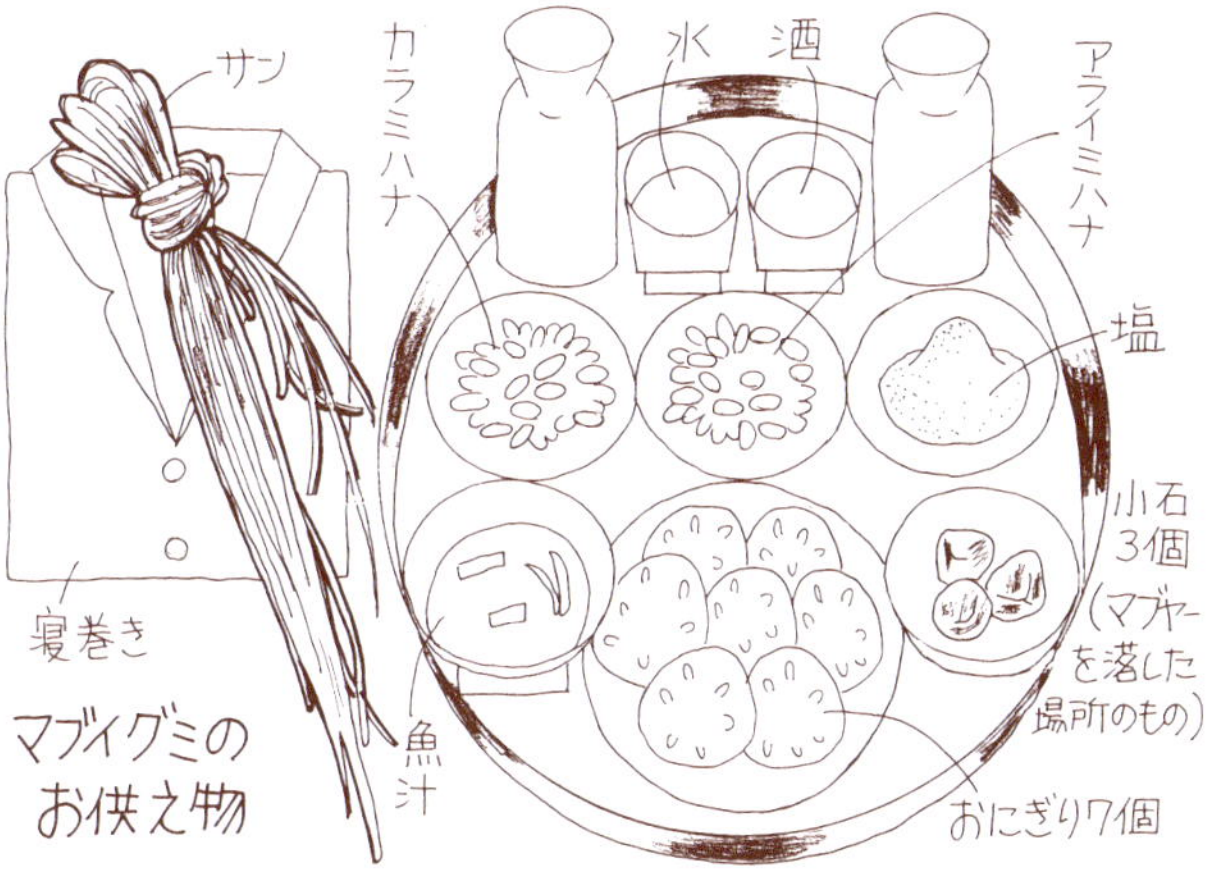

があり、マブヤーをぬかしたようです。[A]の母の（母の名前）が心をこめてマブヤーを込める拝みをしますので、どうぞ、この寝巻きに[A]のマブヤーが乗り、[A]の体に戻ってください。これからは、[A]を心も体も鉄のように石のように強くさせてください。

2、サンを線香の上で三回、内まわりに廻し（図）、マブイが入るように寝巻きや石の上で内まわりに三回廻します。サンは、マブイを落とさないように懐か袋に入れ持ち帰ります。

3、玄関に着いたら「[A]のマブヤーウーティチョーンドー（[A]のマブイがついてきたよー）」と言い、家の中からは、「[A]、[A]、[A]、（三回名前を唱え）マブヤーウーティクーヨー」と、歓迎します。

4、マブイ入り寝巻きを本人に着せ、サンを頭の上で三回内まわりに廻し（図）、背中をトントンとたたき、塩を頭にすりこんだ後、持ち帰った水と酒を中指で額に三回トントンとウビナディし、マブイ入りの石を懐に入れます。そして「マブイを込めましたので、これからは、石のように鉄のように強い心と体になり、もうマブイが落ちませんように」と祈ります。

5、その後、準備した魚汁とおにぎりを食べ、その夜は外出せず、

マブイ入りの石とサンはまくら元に置いて寝ます。

略式マブイグミ

マブイは落とした直後は戻りやすいので、その場で行います。
「マブヤーマブヤー、ウーティクーヨー」（魂よ、魂よ、追いかけておいで）と言いながら、胸のところで手をかざして内まわりに回し、背中をトントンとたたきます。

コラム　特に子供が落としやすいマブイ

赤ちゃんや小さな子が外出する際、「アンマークートゥ、アンマークートゥ、アンマードゥ　ンジュンドゥ（おかあさんだよ、おかあさんだよ、お母さんだけ見るんだよ）」と言って、指に唾《つば》かヒヌカンの灰をつけ、子供の額につけるおまじないがあります。子供は、大人が見えない霊を見ると言われていて、マブイを落とさないためのまじないです。

そういえば、昔は、赤ちゃんに接する時の注意事項が今よりたくさんあったように思います。赤ちゃんを「高い、高い」してはだめとか、マンサン祝いや初アッチーの行事が終わるまでは、夜歩きをしてはだめとか言われました。赤ちゃんが生まれたら、枕元にサンやはさみなどを置いたりもします。

引越しの時には

新しい土地や家に引越しをして、元気で幸せに生活し、安心して子供を育てていくためには、やはり隣近所にごあいさつ回りをするように、その土地の神にあいさつをして、家の清浄に心を配ることから始めたいものです。

沖縄では、旧正や旧盆の時の引越しは避けられてきました。それは忙しい時期に事が増えると、「ヤナムン」につけいれられるといわれるからです。

準備する物

ビンシー（または仮ビンシー）セット

ウチカビ、白紙

塩（一袋）、**味噌**（一袋）

線香　十二本三本

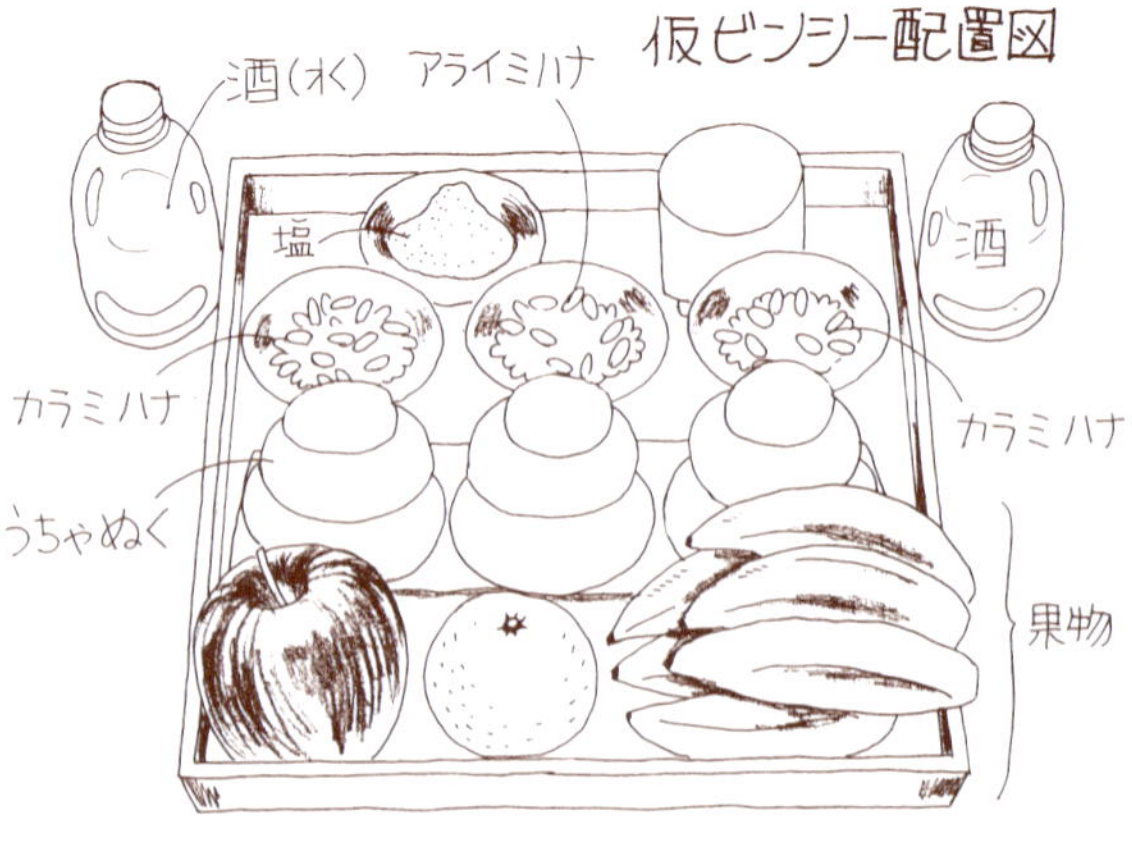

引越し前のあいさつ

引越しが決まったら、その土地の人にその地の拝所、竜宮の神、ヒヌカンの場所を聞きます。近所の昔からある店の人に聞くといいでしょう。

それぞれの場所が分かったら、家の主の生まれ年を避けた吉日に、ビンシー（仮ビンシー）セットとウチカビ、白紙を持っていき御願します。

住所と家族構成を言い、引越しの期日を告げ、これからお世話になりこの地に親しみ、みんなと仲良くし、幸せに健康に過ごせるようにと祈ります。

引越しの準備

新しい部屋は荷物を入れる前に塩水で拭き掃除し清め、吉日に塩と味噌を持っていき、清めのために塩の袋は開けておきます。この日からこの部屋の住人とみなされます。

ヒヌカンをお連れする際は、吉日に移動させます。その際は、ユタや詳しい人と一緒に行うほうがいいでしょう。

まず、前の家でヒヌカンに線香十二本三本を立てて、ウチカビと白紙（シルカビ）を供えます。

新しい住所を告げ、引っ越すことを報告し、「この線香にお乗りになってここの土地から離れてください」と祈り、ウチカビと白紙を線香の上で左回りに三回廻します。途中で線香を消します。それから新しい家にヒヌカンセットを持って行き、残りの線香を新しい家で燃やします。その際、ビンシーとウチカビ（打ち紙）と白紙を供えます。ウチカビと白紙は、右回りに三回廻します。

新築の場合は、建物に使われた木材に「もう木ではないので、木の精は入らないでください」という御願も行います。また、いろんな業者が出入りするので、清めの御願を屋敷の御願と一緒に行うとよいでしょう。

沖縄では「ドゥニドゥ、フンシーヤー、アンドー（己の心に風水はある）」といわれています。心の中に清らかな風と水があれば、どんな土地、家でもきれいになる」という意味です。

付録2　御願Q＆A

御願全般に関するQ＆A
ヒヌカンに関するQ＆A

御願全般に関するQ&A

Q　御願の方法を間違えた時はどうしたらいいでしょうか？

A　心を込めて御願しているので、失敗も成功のうちです。次から改められるので心配はいらないそうです。方法を間違えても「なにしろ、不慣れなものですから、失礼があったらお許しください。一生懸命に心を込めて御願しています。まっすぐな心を受け取ってください」というように気持ちをお話ししてわかっていただくようにしましょう。

Q　どんな時に専門家（ユタなど）にお願いしたらいいですか？

A　方法がわからないときや、自分の拝みで自信がない時には専門家に依頼してみてはどうでしょうか。不安要素をずっと持っているより、納得して気持ちよく過ごせるなら専門家の手を借りるのも一つです。しかし、大金をつぎ込んだり、家族から不満が出たりすることがあれば本末転倒です。御願においては、家族の幸せと健康そして和合を祈願するのが大切です。家庭内不和が起きないように家族に相談してから依頼しましょう。

他人に任せるより、出来るだけ自分の真心から御願をすることがいいそうです。

Q 御願は男の人がやってもいいですか？

A 一般的には台所を預かる家庭の主婦がとり行うことが多いですが、男性でもヒヌカンを立派にお祀りしている家庭はたくさんあります。古いしきたりを重んじる家庭では、十二月のヒヌカンの昇天の御願は、一家の大黒柱である父親が先頭になって行うそうです。

Q 娘の家や兄弟の家など代理で御願をやっていいのでしょうか？

A 病気などでやむなく代理の御願をする場合があります。その時には、代理人自身のビンシーではなく、仮ビンシー（39頁参照）で行うほうが無難だそうです。ビンシーは天との実印であり、名刺であると言われています。天の神様に、申請する帳簿と異なる実印や名刺を出すと混同してしまいます。場合によっては、お知らせごとが代理人にかかってくると昔の人は言ったそうです。なので、どんなに仲のよい親子や兄弟でもビンシーの貸し借りは御法度だそうです。

代理で他人の御願をする時には、必ず事情を話し、代理であることと仮ビンシーで拝むということを最初に報告して御願をするといいそうです。

Q 御願するのに良い日、良い時間はあるのでしょうか？

A 「ハレ」と「ケ」から考えて、よい事は午前中、災いことを除く御願は午後と言われています。昔は、潮の満ち引きも考慮して時間を決めていたそうです。ハレは満潮に向けて（干潮から一時間ほど経過した頃。干潮が過ぎれば潮は満ち始める）、ケは干潮に向けて（満潮から一時間経過した頃。満潮が過ぎれば、潮は引いていく）行うそうです。良いことは、こちら側に向かってくるように、悪いことは遠くに引いていく事をイメージすればわかりやすいでしょう。ちなみに、屋敷の御願は午前中か日の高いうち。マブイグミ（魂込め）やウグヮンブトゥチは夕方がいいそうです。

Q 本に書いてあるやり方とわが家のやり方が違う時は？

A 本書は、取材をもとに構成していますので、地域や家庭によって御願の手順や準備物品は異なります。住んでいる地域や家庭に準じた、ご自分が納得のいく方法で御願を行うのが良いと思います。

Q　お供えものにする酒、水、米の意味は？　また使ったあとはどうしたらいいですか？

A　酒は水と米の恵みで、神様に五穀豊穣の感謝をすると同時に、豊かな生活が続くよう力をいただく意味があります。水は普段の生活が淀む事なく、清らかに流れ、すべての災いを流すという意味だそうです。

米は、土地の神様、太陽の神様、水の神様からの豊穣を感謝し、「食べ果報」を招く意味があり、乾いたお米と洗ったお米の両方を準備します。洗う場合には、七回水を入れ替えてすすぎます。これは縁起のいい奇数の「七」にちなんでいるそうです。洗い清めたお米に、「この御願をする自分の心と同じように、清らかな心で拝みます」という意味があるそうです。

御願の後のお供え物は、神様からのウサンデーなので、魔除けに使えるといいます。小さな袋に入れてお守りとして持ち歩いてもいいし、お米はその日のうちに調理していただいてもいいそうです。（塩やウブクに関しては20頁「Q　お供えした塩やウブクはどうしたらいいでしょうか？」参照。）

ヒヌカンに関するQ&A

Q　ヒヌカンは毎日、手を合わせていいのですか？

A　ヒヌカンに手を合わせるのは、ついたち・じゅうごにち（一日、十五日）に限ったものではありません。子供の受験や旅行の安全、健康祈願など、決まった日でなくても何かしらのイベントがある時に手を合わせます。

また、毎朝一番初めの水を入れて（ミズトウといいます）家族の安全と健康と成功を願い、線香なしで手を合わせるといいそうです。遠出する日や夢見が悪かった朝など、特にヒヌカンの守護が必要な時には、ヒヌカンに供えてある水で水撫で（中指に水をつけて額にトントントンと三回水をつける）をする場合もあります。

Q　ヒヌカンにお願いできる家族の範囲は？

A　ヒヌカンには、結婚して独立した子供たちの祈願はしないそうです。ヒヌカンは、長男が引き継ぐものとして考えられ、娘や次男以下の子供たちは結婚すると親元のヒヌカンの戸籍から抜く拝みをします。そのため、戸籍から抜いた家族の拝みを入れてもヒヌカンが戸惑うそうです。

もし、どうしても結婚して独立した子供の拝みをしなければならない場合には、親の名前で御願をして、独立した子世帯のヒヌカンに「御通し御願」として行うそうです。

子供が独身の場合は、成人していても、遠くに住んでいても、ヒヌカンの戸籍から抜いていないので親元のヒヌカンから御願できます。

Q 長男と親のヒヌカンをいっしょにする場合

A ヒヌカンは基本的に一つの家庭には一つだけですが、たとえば別居していた長男と親が二世帯同居することになった場合、台所が一つならばヒヌカンを一つにまとめた方がいいかと思います。

その場合、親世帯の香炉に長男世帯の灰を移すのですが、全部は入らない時には、スプーンで三回すくって親世帯の香炉に移します。処分する香炉は塩で清めてから「外す」意味で左回りに三回円を書くようにまわしてから、割って捨てます。（次頁参照）

不安な点がありましたら、専門の人と一緒に行う方がいいでしょう。

Q　香炉の掃除はいつどのように行えばいいですか？

A　一般に旧暦の十二月二十四日のウグヮンブトゥチや七夕に行うようです。ただし、灰がこぼれたり、油が飛んで汚れている時には、随時、理由を言って掃除をします。

また、線香を焚いていると香炉の灰が増えてくるもので、長い間にはいっぱいになることがあります。そういう場合には灰の一部を処分します。

1、灰は香炉の下の方、つまり古い灰からスプーンなどですくいとり、別の容器に移します。

2、分けた灰に三本線香を立て、「灰を分けますので、御本体に御戻りください」と唱えます。

3、その三本線香を本体の香炉に移します。この時「外す」意味で、抜いた線香を持って左回りで三回円を書くようにまわします。

4、次は「入れる」意味で、三回右回りに三回円を書くようにまわしてから本体の香炉に立てます。

※この線香の回し方はビンのキャップと同じ要領で、左回り「外す」、右回りは「入れる」。マブイグミにも応用できますので、何度か試して体で

外す（左回りを３回）

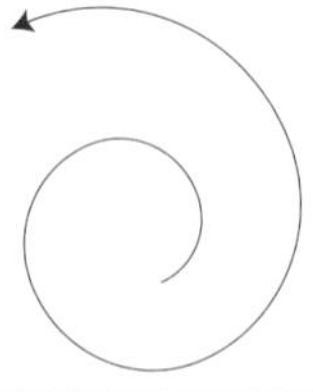

入れる（右回りを３回）

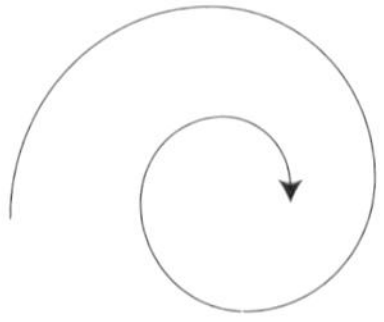

覚えるといいかもしれません。

5、処分する灰は、塩と酒と米をまぶし、人の踏まない花壇や花鉢に入れます。

Q ヒヌカンの香炉を取り替えたいのですが、どうしたらいいでしょうか。

A 本来は旧暦十二月二十四日のウグヮンブトゥチの日に交換します。この日は神様が昇天して不在にしているので、その間にお掃除や取り替えを行います。しかし、どうしてもそれまで待てない場合は、まず日の強いついたち・じゅうごにち（一日・十五日）は避け、自分の生まれ干支の日は避けて日取りを決めます。時間は午前中がよく、特に潮が引いて満ち始めの頃がよいとされます。

1、まず買ってきた香炉は塩で洗い、天日に干して準備する。

2、取り替える前に古い香炉に十二本三本の線香三セットを立てて、香炉を替えることを報告し、途中で抜いて、後で新しい香炉に立てます。

3、新しい香炉の底にお米とお塩を少し入れて、古い灰を移して、足りなければ新しい灰を足します。新しい灰は仏具店などで販売しています。

4、古い香炉は塩で洗い、置いてあった場所で「外す」意味で三回まわしてから、割って捨てますが、お年寄りや詳しい方と一緒に行った方がいいでしょう。

増補改訂版あとがき

二〇〇六年に本書を発行して、多くの方から反響がありました。当初は御願をしたことのない若い世代が参考にされるのかと思っていたのですが、実際は熟年の男性や女性の方からの問い合わせや「やらなければいけないと思っていたけど、やり方がわからなかった」、「親はやっていたけど自分はやったことがなかった」などの声が多く聞かれました。

いろいろな質問の電話があり、全ての質問にお答えする事はできませんでしたが、その中でも質問の多かった内容について新たに説明を加えました。それぞれの行事の頁の他に、巻末に御願全般に関する質問をまとめました。これらの質問事項については前回同様、比嘉淳子さんに教えていただきました。

一方、「家のやり方と違う」という声も多く、それに関しては「各家庭、地域でそれぞれ違いがありますので、今まで通りで行って下さい」とお答えしています。

細かいやり方は違っても感謝の気持ちで、心からの御願を伝えることで皆様の毎日が豊かに幸せになりますようにお祈り申し上げます。

●執筆・編集「よくわかる御願ハンドブック」編集部
新城和博、池宮紀子、喜納えりか（以上ボーダーインク）
●執筆・編集協力　比嘉淳子
●イラスト　中嶋栄子、比嘉瞳、金城貴子
●写真提供　比嘉奨、ボーダーインク

●参考文献

『２００６年　沖縄琉球暦』東洋易学学会総本部編纂　沖縄本部出版　二〇〇五年
『おきなわ行事イベントの本』ボーダーインク編集部編　ボーダーインク　二〇〇〇年
『沖縄・暮らしの大百科』崎間麗進監修　那覇出版社　二〇〇四年
『沖縄大百科事典』沖縄大百科事典刊行事務局編　沖縄タイムス社　一九八三年
『沖縄の御願ことば辞典』高橋恵子著　ボーダーインク　一九九八年
『暮らしの中の御願』高橋恵子著　ボーダーインク　二〇〇三年
『ハンドブック沖縄の年中行事』崎原恒新著　沖縄出版　一九八九年
『琉球料理』新島正子著　琉球文教図書　一九七一年
『オバァが拝む火の神と屋敷の御願』座間味栄議編　むぎ社　二〇〇六年

よくわかる 御願《ウグヮン》ハンドブック <増補改訂>

初版発行　2006年７月１日
増補改訂版
第一刷発行　2009年８月15日
第十九刷発行　2025年８月20日
編者　「よくわかる御願ハンドブック」編集部
発行者　池宮 紀子
発行所　(有) ボーダーインク
〒902-0076　沖縄県那覇市与儀226-3
電話098(835)2777　fax098(835)2840
http://www.borderink.com
印刷所　でいご印刷